타이포그래피는 글자의 문제임과 동시에 공간의 문제라 할 만큼
공간의 비중은 글자와 대등할 정도로 중요하다.

_ 월간 디자인 1990년 3월호 글에서

정사각형 중심선 균형의 현행 활자체 방식과

탈사각형 윗선 균형 방식은

각기 장단점이 서로 맞물려 있어서,

이들의 관계는 택일이 아니라

보완의 관계여야 한다.

— 월간 디자인 1989년 10월호 인터뷰에서

타이포그래피에서 다루는 과제는 두 가지가 있다.
하나는 재료에 관한 것이고 다른 하나는 표현에 관한 것이다.

_ 월간 디자인 1990년 6월호 인터뷰에서

나라마다 다른 언어와 그에 맞는
독특한 타이포그래피가 존재할 수 있는 것이며,
그 나라의 문화적 수준과 타이포그래피의 수준은
맥을 같이한다고 볼 수 있다.

_ 월간 디자인 1991년 2월호 글에서

정확한 디자인 방향의 설정과 끈질긴 해결 방법의 모색만이
디자인 문제를 최선으로 해결할 수 있는 길이다.

_ 월간 디자인 1994년 3월호 글에서

한글공감

한글공감

김진평의 한글 디자인과 타이포그래피

Hangul Design and Typography of Kim, Jin Pyung

2010년 4월 26일 초판 인쇄 ○ 2010년 5월 5일 초판 발행 ○ **지은이** 유정숙, 김지현 ○ **펴낸이** 김옥철 ○ **주간** 문지숙 ○ **편집** 정은주, 신혜정

디자인 유정숙, 김지현, 신혜정 ○ **표제디자인** 임진욱 ○ **사진** 임학현 ○ **마케팅** 김한준, 이지은, 강소현 ○ **출력** 스크린출력센터 ○ **인쇄** 천일문화사

펴낸곳 (주)안그라픽스 413-756 경기도 파주시 교하읍 문발리 파주출판도시 532-1 ○ 전화 031.955.7766 (편집) 031.955.7755 (마케팅)

팩스 031.955.7745 (편집) 031.955.7744 (마케팅) ○ 이메일 agbook@ag.co.kr ○ 홈페이지 www.agbook.co.kr

등록번호 제2-236 (1975.7.7)

후원 서울문화재단

ISBN 978.89.7059.443.9 (13630)

김진평의 한글 디자인과 타이포그래피

Hangul Design and Typography of Kim, Jin Pyung

유정숙·김지현 지음

안그라픽스

차례

추천사　　　2010년 4월 6일 (화)

김진평. 형..

가는. 목.
셔츠. 깃과. 목. 사이는. 늘. 손가락. 하나가. 들어갈. 듯했다..

굵게. 울리는. 목소리..
환하고. 넓게. 웃을. 때..
눈과. 뿔테. 안경이. 하회탈처럼. 바뀐다..
입이. 활짝. 벌어지고.
입가. 웃음. 주름에. 담긴. 정이. 깊다..
가끔. 머리를. 쓸어. 넘기는. 손짓..
꾹꾹. 눌러쓰는. 그의. 손글씨..
...
그는. 한글밖에. 몰랐다..
...
...
ㅇㅅㅅ.
.

.

1996. 여름. 〈날개집〉.

추천사　　　김진평 교수님을 추억하며…

김진평 교수님은 세상에서의 마지막을 보내는 순간까지 한글 연구에
자신을 아끼지 않고 투신했던 분으로 우리 모두에게 잊혀서는
안 될 분이다. 그분이 아니었다면 척박했던 한글 글꼴 분야의 연구는
그나마 찾아보기도 힘들었을 것이다. 대부분의 한글 학자들이
우리 말에 대한 연구에만 집착하고 우리 글꼴 분야는 외면하고
있을 때, 그리고 아무도 한글꼴 연구에 뛰어들지 않았을 때, 그는
디자인 측면에서 오직 한글을 바탕으로 학생을 가르치는 일과
글꼴 연구에 모든 시간을 투자했다.
그 흩어져 있던 로고타입들이 이렇게 한 책으로 엮어져 나오게 된
것은 참으로 다행이 아닐 수 없고 정말 뜻깊은 일이다. 좀 더 일찍
그의 작업들이 출판되었다면 하는 아쉬움이 있지만 이제라도 이렇게
책으로 나와서 한글을 연구하는 후학들에게 언제든지 주춧돌 역할을
할 수 있게 된 것이 얼마나 기쁜지 모르겠다.
나는 김진평 교수님 생전의 활동과 모습이 아직도 눈앞에 어른거릴
정도로 생생하다. 〈리더스 다이제스트〉 잡지사에서 그와 함께
근무하던 시절은 나에게 디자이너로서 가장 행복한 시간이었다.
종일 옆자리에 앉아 대화를 주고받으며 일했다. 즐거움과 혼을
쏟아 내듯이 몰입하여 완성해 나가는 그의 정교하기 이를 데 없는
글꼴 설계는 옆에서 지켜보는 것만으로도 숭고하게 느껴졌다.
그에게 한글에 대한 애정은 신앙과도 같으며 삶의 가장 고귀한
목표라는 것을 실제 몸으로 보여 주었다.

함께하는 실무에서의 모든 시간, 점심을 먹으면서, 회사 가까이에 있던 경복궁을 산책하면서, 잡지 마감을 앞두고 늦은 시간까지 야근을 하면서 그 특유의 유쾌하고 통쾌한 웃음을 수없이 연발하며 한글에 대해 많은 이야기를 나누었다. 그런 그의 한글에 대한 순수한 열정을 몇 년 동안 지켜보면서 나는 많은 생각을 하게 되었다. 그는 대한민국의 가장 소중한 국가 자산이자 모든 백성의 긍지인 한글을 위해 하늘에서 내려 준 분 같았다. 늘 행복한 웃음으로 주위 분위기를 밝고 건강하게 만들어 주는 천사와도 같았다. 한글 분야에 큰 업적을 남겼을 뿐 아니라 인격적으로 정말 아름다운 분이셨다. 이런 분이 후배들과 좀 더 오래도록 함께할 수 없었을까 하는 짙은 아쉬움과 슬픔이 가슴에 남아 있다.

이번에 발간되는 김 교수님의 로고타입 작품들과 연구 내용의 일부는 앞으로 한글 글꼴 분야의 발전에 큰 초석이 되리라는 것을 의심치 않는다. 이 책은 김 교수님께 가르침을 받은 제자에 의해 완성되었다는 것도 의미가 크다. 또 무엇보다 부인 이화복 님께 뜻깊은 선물이 되었으면 하는 바람이다. 많은 시간과 애정을 쏟아 알차고 꼼꼼하게 집필해 준 유정숙, 김지현 교수에게도 고마움을 표현하고 싶다.

석금호

시작하며

대학에서 그리고 대학원에서 고(故) 김진평 교수를 만난 것은
인생의 커다란 행운이었다. 훌륭한 스승의 지도를 아낌없이 받을
기회란 누구에게나 주어지는 행운은 아니다.

내 기억 속의 김진평 교수는 한글의 아름다움을 사랑 가득한
열정으로 끊임없이 강조하셨다. 실제 활용할 때 심미적으로 더욱
뛰어난 응용을 할 수 있게끔 영감을 불어넣어 한글의 정체성과
아름다움에 눈을 뜨게 해 주신 교육자였다. 늘 창의성에 바탕을 둔
섬세함과 꼼꼼함 그리고 인내심을 가지고 과제를 완성하게 하여
살아 있는 한글 조형 감각을 키우게 하셨고, 한글을 바로 보는 시각을
싹트게 해 주셨다. 이는 그에게 배움의 시간을 얻었던 모든
학생들의 공통되는 기억이 아닐까 생각한다.

대학 졸업 후 교육과 실무 현장에서 일하면서 비로소 한글
타이포그래피 교육에 그가 쏟은 사랑과 열정을 조금이나마
이해하고 공감할 수 있었다. 영문 타이포그래피는 선호하면서 한글
타이포그래피에는 거리감을 두는 학생들의 모습에서 한글 정체성의
부재와 이를 충족하기에 부족한 교육에 안타까움을 느끼기도 했다.
아울러 흥미롭고 좋은 본보기를 구현하는 서구의 타이포그래피는
어떻게 형성되어 왔을까 하는 궁금증과 한글 타이포그래피도 영문
못지않게 좋은 영감을 불러일으켜 흥미를 유발하고 적극적인 활용을
유도할 수 있는 교육이 되었으면 하는 바람이 컸다.
이러한 호기심과 욕구는 알파벳 문화권으로의 유학으로 이어졌다.
독일의 바우하우스와 제2의 바우하우스로 불리는 울름조형대학의
타이포그래피 교육 과정이나 이들의 영향을 많이 받은 미국의
타이포그래피 교육 과정을 보면, 그들은 로마자 활자체의 문제점을
해결하기 위해 학생들과 함께 끊임없이 연구하고 노력하여 새로운
방법을 찾아냈다. 그리고 이러한 과정을 거쳐 오늘날 시각적
영향력을 발휘하는 타이포그래피 기술의 원리, 방법 등 내재한
법칙들을 유도하고 이끌어 왔음을 살펴볼 수 있었다.

한편, 우리의 타이포그래피 교육은 1980년대 서구에서 들어온
영문 활자체를 기본 재료로 확립된 타이포그래피 원리들을 배우고
답습하는 교육이었다. 그렇다면 디지털 기술의 발전에 힘입어
급성장한 국제화 시대에 우리 고유의 한글 타이포그래피 교육은
어디쯤 와 있을까?
우리말과 우리글의 특성에 적합한 원리와 표현 방법 등

우리 글자에 내재한 법칙들을 이끌어 내고 유도하기 위한 연구와
시험 단계, 또 이를 포함하는 실험적 타이포그래피 훈련이
이루어지도록 한글의 정체성을 기본으로 하는 교육은 아무리
강조해도 지나치지 않을 것이다.
스위스의 타이포그래퍼이며 교육자인 에밀 루더Emil Ruder나 볼프강
바인가르트Wolfgang Weingart 등은 교육과 저서 그리고 작품을 통해
다양한 타이포그래피 원리들을 보여 주었다. 그들의 타이포그래피
재료인 영문 알파벳을 바탕으로 기술적 과정과 이에 포함된
디자인 관련 문제를 가르치고 이끌었다.

이 책에서는 한글 타이포그래피의 거장으로 우리 시대를 살다 간
고 김진평 교수의 업적 가운데 하나인 한글 디자인을 작은
부분이나마 소개하고자 한다.

제1장 서론에 이어 제2장에서는 한글 타이포그래피의 의미를
구체적으로 정의하고 그 이해를 돕기 위해 타이포그래피의 개념과
한글 타이포그래피의 변천 과정을 시대별로 정리한다.
제3장에서는 김진평의 디자인 정신과 교육 정신, 아울러 그의
타이포그래피 교육과 기초 연구로서의 한글 조형 연구, 디자인
방향에 새로운 방법론을 제시한 한글의 구조 분석을 살펴보고
요약, 정리한다.
제4장에서는 김진평의 다양한 한글 표현의 실제를 살펴본다.
그의 작품에서 두드러지게 보이는 정체성과 창의성을 중점적으로
분석하고, 또 어떤 시대적 배경과 상황에서 한글 디자인과

한글 로고타입 디자인을 전개하였는지를 소개한다.

이 책의 내용은 2005년 한국학술진흥재단의 연구 지원을 받아
이루어진 연구 보고서의 일부를 발췌, 보충하고 재정리한 것이다.
부족하지만 제자로서 존경하는 고 김진평 교수의 업적을 기리고
추모하는 마음으로 진행한 작은 연구이다.
우리나라의 젊은 후학과 전문인들이 한글 타이포그래피에 더 큰
관심을 두는 일 그리고 이전보다 발전한 한글 타이포그래피를 위해
올바른 방향을 제시하는 일은 생전에 김진평 교수가 늘 바라던
일이기도 했다.
이 책은 한글 타이포그래피를 사랑하는 많은 이들에게
그의 작업을 소개하여 한글 타이포그래피에 대한 폭넓은 이해와
관심 그리고 공감을 얻고자 한다.
아울러 시각 디자인을 전공하는 많은 사람들과 함께
고 김진평 교수의 한글에 대한 사랑과 열정을 느끼고 공유하며,
오늘날 한글 타이포그래피의 끊임없는 영감과 창조 가능성에
많은 도움이 되기를 바란다.

지금까지 한글 타이포그래피에 사랑과 열정을 가질 수 있도록
아낌없이 배움의 시간을 주신 고 김진평 교수님께 깊은 감사의
마음으로 이 책을 바친다.

이 책이 출판되기까지 자료에 많은 도움을 주신 이화복 선생님과
추천사를 허락해 주신 안상수 교수님, (주)산돌커뮤니케이션의

석금호 사장님께 감사를 전한다. 또 안그라픽스의 김옥철 사장님,
문지숙 주간, 정은주 편집자, 임학현 팀장, 신혜정 디자이너 그리고
활판공방의 박한수 대표, 담론에 참여해 준 김병호 교수,
김진숙 교수, 김현미 교수, 박윤정 이사, 신청우 교수, 임진욱 교수와
초고 교정에 애써 주신 조원미 선생에게도 진심 어린 감사의
마음을 전한다.

2010. 4. 10
유정숙·김지현

1

—

한글과
타이포그래피

우리나라는 타이포그래피의 오랜 역사와 전통을 가진 나라이다.
고려의 금속활자를 비롯하여 기술적, 심미적으로 훌륭한
전통 활자체의 유산을 자랑한다.
우리나라에서 현대적 의미의 타이포그래피라는 용어가 쓰이고,
그 중요성이 인식되기 시작한 때는 대략 1970년대 중반 이후이다.
국제화 시대에 각 나라의 다양성은 곧 그들의 문화와 언어에
반영되는데, 오늘날 우리는 우리 고유의 언어인 한국어와 우리의
디자인 철학으로 만든 한글을 통해 사회 커뮤니케이션의 상호
작용을 이룬다. 특히 정보 통신 산업이 주도하는 현대 사회에서
글자는 정보의 상호 작용에 중요한 요소이며, 이의 표현 매체로서
타이포그래피는 새로운 차원의 심미성, 기능성으로 주목받으면서
시각 문화에 큰 영향을 미친다.
그렇다면 우리 문화를 대표하는 타이포그래피의 재료인
한글은 그동안 어떠한 위치에 처해 있었고, 어떻게 오늘날까지
발전해 왔는가?

역사적으로 한글은 창제 이후부터 19세기 후반까지 지식인들의
중국 사대주의 사상으로 한자의 그늘에 가려졌고, 1910년에서
1945년까지 일제 강점 아래 수많은 단절의 위기를 겪었다.
그런데도 고유의 독창성을 잃지 않고 오늘날까지 유지, 발전해 오는
데는 묵묵히 한글 활자체의 발전과 계승에 일생을 쏟은 이들의
공로가 있었다.
1930년대 이후 고 이원모, 고 박경서에 이어, 한글 활자체 전문인
1세대로 알려졌으며 주조활자와 한글 수동 사진식자의 원도 설계를
이룬 고 박정래, 고 이임풍, 고 최정호, 장봉선 옹, 최정순 옹 등이
그들이다. 이들은 우리 전통 사회의 위대한 문화유산으로서 한글을
지키고 계승하였다. 그리고 1970년대 이후 과거의 전통적인 한글과
미래의 혁신적인 한글을 잇는, 즉 지금의 문화적 전통으로 한글을
발전시킨 이가 있었다. 바로 고 김진평이다.
김진평(1949-1998)은 한글에 대한 지극한 관심과 사랑, 열정으로
1970년대 한글 활자꼴의 황무지 시대부터 1998년 49세의 젊은
나이로 타계하기까지 한글의 가치와 위상을 시각적 차원에서 다루고
이끌었을 뿐만 아니라 끊임없는 연구를 통해 이론적 측면에서도
한글의 문화적 위상을 드높인 시각 디자이너이자 교육자였다. 그는
한글의 조형을 가장 효과적이고 발전적으로 이끌었고, 가장 수준
높게 한글을 활용하고 연구한 사람이었다.
1978년 합동통신사의 〈리더스 다이제스트〉 잡지 제호와 기사 제목
레터링 작업을 계기로 한글의 창의적인 표현을 유감없이 발휘하기
시작한 김진평은 1970년대 말부터 1990년대에 이르기까지
국내의 출판 매체, 브랜드, 기업체의 로고타입을 제작하였다.

그의 작업은 당시의 빈곤한 한글 활자체와 시각 표현 범위가 매우
좁았던 한글의 조형적 문제점을 해결하는 새로운 방안이었고,
창의적이고 실험적인 연구의 결과로 이전에 볼 수 없었던 새로운
이미지를 한글에 입혀 혁신적인 시각 효과를 보여 주었다.
이는 그가 시각적 표현을 통해 정보를 더욱 정확하고 알기 쉽게
전달해야 하는 한국의 그래픽 디자이너로서의 직업적 의무를 재능과
노력을 통해 충실하게 실천하였음을 의미한다. 아울러 한글이 시각
커뮤니케이션에서 중요한 시각전달 요소임을 명확하게 보여 주었다.
또한 한글 개발의 문제가 곧 한글 타이포그래피의 문제임을 인식한
그는, 한글의 조형적 특성을 바탕으로 전달 기능과 함께 시각적
표현 수단으로 한글 로고타입 디자인을 시도하였다.
그의 작업은 1980년대를 전후하여 현대적 감각의 수준 높은 한글
타이포그래피로 표현되어, 과거와 미래를 연결해 주는 한글 활자체
디자인의 모범이 되었고, 한글의 더욱 폭넓고 다양한 활용 가능성을
구축하였다. 이는 오늘날 한글 제목용 활자체와 한글 활자체 디자인
개발을 유도하였다. 이로써 한글 타이포그래피의 발전에 새로운
지평을 여는 중요한 밑거름 역할을 하였다.
그가 타계한 지 올해로 벌써 12주기를 맞이하지만, 생전에
한글 타이포그래피 역사에서 그가 이룬 업적은 2009년 한 설문
조사에서 한국의 디자인 발전에 가장 큰 영향을 준 인물 가운데
한 사람으로 선정되었을 만큼 훌륭한 것이었다.
이 책에는 지금까지 한글 로고타입의 모범적인 예로 남아 있는
그의 대표 작품들과 활자체, 한글 타이포그래피 포스터 등을
소개한다. 이에 앞서 우리 시대 한글 디자인의 최상의 모범을

보인 김진평의 로고타입 디자인이 어떤 이론과 특징을 바탕으로
활용되었으며, 그가 추구한 디자인 방향이 무엇인지를 다룬다.
이는 3천여 종이 넘는 한글 활자체가 개발된 오늘날, 시대가
요구하는 더 풍요롭고 질 높은 글자 문화에 부응하고자 하는 것으로,
한글 활자체 디자인과 한글 타이포그래피에 대한 새로운 시각과
지평을 마련해 주리라 믿는다. 특히 전통적인 한글의 조형 구조를
현대적 감각으로 재해석하고 진보적이고 개혁적이며 실험적으로
표현한 그의 선례는 미래의 한글 디자인이 더욱 체계적이고
효과적으로 발전해 나아갈 방향을 제시할 것이라 확신한다.

2

—

한글
타이포그래피
탐색

한글 타이포그래피는 한글을 전달 재료로 다루는 디자인을
총체적으로 말하는 것으로 여기에는 타이포그래피의
기본 재료인 한글 활자의 형태, 배열과 여백을 통해 표현되는
여러 그래픽 영역이 모두 포함된다. 즉 '오늘날 타이포그래피는
곧 디자인이다'라는 표현이 그 폭넓은 개념의 이해에
적합할 것이다. 한글 타이포그래피를 논하기 전에 타이포그래피의
개념과 정의부터 살펴보도록 하자. 타이포그래피의 어원은
그리스어로 거슬러 올라간다.

1 타이포그래피

타이포그래피typography는 그리스어에 기원을 둔 2개의 단어
typos + graphein으로 구성된다. '치다' '두들기다'라는 뜻에서 온
typos는 '새김' 또는 '형태'를 의미한다. 두 번째 단어인

graphein(눈금을 새기다, 조각하다)은 '쓰다'를 지칭한다. 이를 토대로 타이포그래피의 개념을 '글자 또는 활자 쓰기' 또는 '글자(활자)에 의한 쓰기'로 해석할 수 있다.

이 단어는 1440년경 구텐베르크의 금속활자 발명 이래 사용되었고 17세기 이후 활판술의 의미로 보편화되었다. 이는 좁은 의미에서 인쇄술의 활자 복제의 기초에다 활자 배열을 통한 인쇄물의 시각적-외형적 조형 표현을 칭한 것이다. 따라서 좁은 의미에서는 캘리그래피calligraphy와 글자 디자인을 포함하지 않는다.

오늘날은 타이포그래피가 넓은 의미로 글자를 재료로 한 모든 디자인, 인쇄 제작물의 조형, 즉 그래픽 디자인으로 이해된다. 오래된 활판술 개념과 함께 모든 인쇄 제작물의 조형인 그래픽 디자인의 개념으로 자리한다.

타이포그래피의 목적은 의미 있는 기호를 통한 언어의 구현이며 조형(디자인)적으로 명확하게 전달하는 데 있다. 즉 통일성 있는 아이디어와 그림 글자의 결과물인 글자 기호를 다루는 것이다. 따라서 타이포그래피와 글자는 상호 분리될 수 없는 불가분의 관계로, 글자는 타이포그래피의 중요한 기초 재료가 된다. 아울러 글자 형태와 이미지는 메시지를 전달하는 데 목적이 있기 때문에 오늘날 타이포그래피가 그래픽 디자인 영역에 자리하는 것이다.

이러한 타이포그래피를 본래의 의미에 충실하게 표현한다면 기계적 표기법과 언어의 배열이라고 말할 수 있다. 기록, 보존 그리고 의사소통에 기반을 둔 지식의 반복을 통해 현대 커뮤니케이션 디자인의 중심에 자리한, 본질적으로 시각적인 언어이다. 언어(말)는 글자의 형태로 우리 삶의 모든 분야에서 접하게 된다. 전달된

메시지들이 우리 인식에 아주 깊이 각인되어 이제 우리는 활자가 없는 세계를 감히 상상조차 할 수 없다.

이렇듯 타이포그래피는 우리 생활에 필수 요소로 자리 잡았으며, 우리 문화에 기초를 이룬다. 즉 오늘날 모든 문화에서 글자는 다양한 형태로 다양한 메시지를 전달한다.

위키백과사전에서 살펴본 타이포그래피의 정의와 그 역사적 기원[1]을 간략하게 정리하면 다음과 같다.

1 http://en.wikipedia.org/wiki/Typography

타이포그래피는 글자를 배열하고 글자를 디자인하고 글자를 수정하는 기술이며 예술이다. 글자(그림 글자)는 다양한 일러스트레이션 기술을 통하여 만들어지고 수정되었다. 글자의 배열은 글자체와 글자크기, 글줄길이, 글줄사이, 글자사이, 낱말사이, 글자정렬 방법 등을 수반한다.

타이포그래피는 활자 조판가, 식자공, 타이포그래퍼, 그래픽 디자이너, 아트 디렉터, 만화 작가 그리고 사무원들에 의해 이루어진다. 디지털 시대에 이르기까지 타이포그래피는 인쇄술 전문 직업이었다. 디지털화는 시각 디자이너와 사용자들에게 새로운 시대의 타이포그래피를 펼쳐 놓았다.

타이포그래피의 흔적은 처음 타공한 형판(찍어내는 본)을 사용해서 만든 고대의 화폐와 증서(표지)에서 그 기원을 찾을 수 있다. 최초로 알려진 가동활자movable type 인쇄 유물은 아마도 파이스토스Phaistos 원반일 것이다. 그 목적에 대한 논란이 남아 있지만 이 유물의 연대는 기원전 1850년에서 1600년 사이 미노아 시대Minoan age로 거슬러 올라간다. 그리고 현재 그리스 크레타의 이라클리온Herakleion 박물관에 전시되어 있다.

가동활자를 통한 타이포그래피는 11세기 중국에서 고안되었다. 최초의 금속활자는 1230년 한국의 고려 시대에 발명되었다. 유럽에서는 15세기 중엽에 전문 주조 기술의 발달로 금속활자를 독자적으로 개발, 발명하였고 대량 복제에 요구되는 많은 양의 활자 조각이 저렴해졌다.

Typography is the art and technique of arranging type, type design, and modifying type glyphs. Type glyphs are created and modified using a variety of illustration techniques. The arrangement of type involves the selection of typefaces, point size, line length, leading (line spacing), adjusting the spaces between groups of letters (tracking) and adjusting the space between pairs of letters (kerning).

Typography is performed by typesetters, compositors, typographers, graphic artists, art directors, comic book artists, and clerical workers. Until the Digital Age, typography was a specialized occupation. Digitization opened up typography to new generations of visual designers and lay users.

Typography traces its origins to the first punches and dies used to make seals and currency in ancient times. The first known movable type printing artifact is probably the Phaistos Disc, though its real purpose remains disputed. The item dates between 1850 BC and 1600 BC, back to Minoan age and is now on display at the archaeological museum of Herakleion in Crete, Greece. Typography with movable type was separately invented in 11th-century China. Modular metal type was first invented in Korea during the Goryeo Dynasty around 1230. It was independently developed invented in mid-15th century Europe with the development of specialised techniques for casting and combining cheap copies of letterpunches in the vast quantities required to print multiple copies of texts.

디지털 기술의 빠른 발전에 따른 뉴 미디어의 등장으로 종이에서 컴퓨터 모니터로 표현 영역이 확장됨과 동시에 타이포그래피의 영역 또한 강력하게 확장되었다. 이는 현대 사회에서 타이포그래픽 디자인의 중요성이 날로 증대됨을 시사한다.

서구의 타이포그래피는 수세기 동안 발전을 거듭하였고

현대 타이포그래피는 1900년대 초에 시도되어 계속적인 발전을
이루어 왔다. 그러나 우리의 한글 타이포그래피는 이와 다른 시대의
흐름으로 오늘날에 이르렀다. 우리의 중요한 타이포그래피 재료인
한글은 글자의 산업화 단계에 일제 침략과 6·25 동란을 겪으며
불행히도 문화적 단절의 시기를 보냈고 오랫동안 글자꼴의 연구와
개발이 미흡했다는, 역사적이며 시대적인 문제를 안고 있다.
문화적 단절이라는 시대적 불행은 결국 한국 시각 디자인의 활동이
본격적으로 시작된 1970년대에 한글 타이포그래피 재료의 심각한
빈곤 현상으로 나타났다.

2 한글 타이포그래피의 흐름

2 한글글꼴개발원,
『글꼴 2000』,
세종대왕기념사업회,
2000, 109쪽

필사본에서 목판본으로, 목판본에서 다시 활자본(목활자 및 금속활자본)으로,
이것이 다시 활판본으로, 활판본에서 사진식자본으로 그리고
오늘날 컴퓨터 인쇄로 이어지는 과정에서 문자의 기능과 형태는
매우 크게 변했다.[2]
최현배가 한글 사용과 보급을 기준으로 한글의 역사를 처음
구분하였다면, 활자 제조법과 시대적 성격 및 문화적 성격을
기준으로 한글 활자체 변천의 시대를 처음으로 구분하고 체계적으로
정리한 이는 김진평이다.
이 책에서는 김진평이 활자체 변천을 기준으로 구분한 옛활자
시대(1443-1863년), 새활자 시대(1864-1949년), 원도활자 시대(1950-1989년)의
3단계를 바탕으로, 그 이후 활자체의 제작 도구와 방법에 또 하나의
시대적 혁명을 가져온 디지털활자 시대를 추가 설정하여 한글
타이포그래피의 변천 과정을 간략하게 살펴본다.
특히 디지털활자 시대의 구분은 1990년대 윤곽선 폰트 개발과 함께
활자의 기본 콘셉트를 결정하고, 소프트웨어를 활용하여 글자를
제작하는 시대를 기준으로 하였다. 또한 한글의 산업화 과정에서
떠오른 역사적·시대적 문제점과 이에 관계된 한글의 문화적 환경의
변천을 같은 시대적 맥락 아래 살펴본다.

옛활자 시대와 한자 문화 시대 : 1443-1863

우리나라의 전통적인 주조활자와 나무활자로 서책을 인쇄하던 시대,
즉 1443년(세종 25년) 훈민정음이 창제된 해부터 1863년 철종 말년까지
421년 동안을 김진평은 한글 활자체의 옛활자 시대로 구분하였다.
이 기간은 한글의 글씨체와 활자체가 동시에 변함으로써 말기까지
글씨체와 활자체 정형의 완성을 이룬 시대이다.
이 시기는 우선 세종의 애민사상에 힘입어 창제된 독창적이고
창의적인 훈민정음이 한자의 조형 감각과 대조되는 글자꼴과
표기 방법 등으로 두드러진 한글 조형 의식을 보여 준다. 이러한
독창적인 한글의 창제가 있었음에도 이 시기를 굳이 문화적으로
한자 문화 시대로 구분하는 이유는 무엇일까?
우리나라는 이미 기원전 4세기경부터 동아시아에서 정치적
세력을 장악하고 문화의 중심지 역할을 한 중국의 한자 문화를
수용하였으며, 중국에 대한 사대사상을 갖게 되었다. 이와 더불어
유학의 장려 등으로 우리글 사용을 통한 민족의식 고취와
한자보다 배우기 쉬운 실용성을 바탕으로 창제된 한글을 400여 년의
세월 동안 한문의 그림자 아래 머물게 한 시기이기도 하였다.

새활자 시대와 일본 문화 시대 : 1864-1949

1883년 정부기관인 근대식 인쇄국, 박문국을 통해 일본에서
인쇄 기계와 한자 납활자 인서체를 수입하여 처음으로 한자
활자로만 된 〈한성순보〉를 발간하였고, 이어 1886년 한글과 한자
혼용의 〈한성주보〉를 발간하면서 근대 인쇄술의 공식적인 도입이
이루어졌다. 최초의 근대식 한글 납활자는 최지혁의 궁서체를
바탕으로 제작한 대(1호), 중(2호), 소(5호) 3가지 크기의 새 활자체이다.
이는 일본을 통해 근대 활자 체계를 도입함으로써 바야흐로
새활자 시대와 일본 문화 시대가 열린 것을 의미한다.
이러한 근대 인쇄술의 보급으로 납활자의 수요를 동반하고 새로운
기술 여건에 의한 새로운 한글 타이포그래피의 국면을 맞이하였지만,
이로부터 야기된 간과할 수 없는 커다란 문제점은 최초의 근대식
한글 납활자들이 일본 기술에 의해 일본에서 주조되었다는 것이다.
이는 한글의 산업화 과정에서 한글이 독자적이고 독립적으로
발전할 수 있는 자생력을 갖지 못하게 하였을 뿐만 아니라
일본 활자에 한글을 끼워 맞추는 식의 활자 개발의 문제가 이후
원도활자 시대의 사진식자에까지 이어져 한글 타이포그래피와
한글 디자인의 커다란 문제점으로 자리하게 하는 원인이 되었다.
또한 일제 강점기의 우리말과 우리글 말살 정책은 모든 한글 활자의
폐기와 소멸로 이어졌으며, 한글꼴의 발전에 치명적인 암흑기를
가져왔다. 이어 1945년의 해방과 1950년의 6·25 동란은 그야말로
연속적인 혼돈의 시기로 활자 산업이 발전할 기회를 얻을 수
없었던 시대였다.
새활자 시대는 갑오경장(1894년)과 함께 서구 여러 나라의 새로운

문물과 제도가 들어오고, 일본을 통한 서구 문화의 간접적인 유입과
근대 문화 형성으로 한글 타이포그래피의 역사적·시대적 문제점의
근본 과제를 떠안게 된 불운한 시기였다. 한편으로는 우리말과
우리글에 대해 자각하게 된 시기이기도 하였다.

원도활자 시대와 서구 문화 시대 : 1950-1989

1945년에 맞이한 해방은 중국과 일본의 영향에서 벗어나 독립된
문화 주체가 되었다는 사실과 중국, 일본, 미국과 대등한 근대
국가로서의 출발을 의미한다. 그러나 일본에 대한 한글 활자체의
예속은 새활자 시대 이후에도 계속해서 이어졌다.

1950년 6·25 동란 이후 일본에서 자모 조각기를 도입하여 한글
활자체 전문인 1세대로 구분되는 박정래, 최정호의 원도에 의한
자모 조각이 이루어졌다.

1954년 최초로 사진식자기 모리사와(MS)를 도입한 이후, 샤켄(SK)
사식기 등의 보급으로 활발한 한글 원도활자(손으로 직접 그린 글자를 바탕으로
만든 활자. 그림 2-1) 시대의 서막을 장식하였지만, 이들은 모두 일본에
의한 개발이었고 발전이었다.

한편, 해방 이후 미군정 시대는 우리에게 또 하나의 새로운 글자인
영문 알파벳의 등장을 이끌었고, 이때부터 영문 알파벳에 대한
관심은 이전의 한자에 대한 사대 의식과 다를 바 없이 한글문화를
지배하기 시작하였다. 아래 글은 당시 사대적인 서구 문화 시대의
상황을 잘 설명해 준다.[3]

3 김미진, 「헤드라인을
위한 한글문자체 연구」,
이화여자대학교, 1982,
20쪽

모든 상품들은 영자를 써야지만 뭔가 품질이 좋은 것같이 보인다든지, 상호가
영자로만 되어 가는 현상이 나타난다든지, 디자인을 전공한 학생들의 작품 속
에서는 영자만 쓰려고 한다든지 하는 현상이 나타났는데 그런 현상은 영자가
지니고 있는 조형 감각의 새로움 때문에 한글의 꼴을 천시하는 경향이 다분히
있었으며, 더욱이 이러한 경향은 서구 시장을 바탕으로 하는 경제 발전과 더불
어 더욱 짙어졌다. …… 실제로 1966년도의 제1회 대한민국상공미술 전람회에
출품되었던 작품들을 보면 마치 미국의 선전 포스터 같은 인상을 줄 뿐만 아니

라 한글을 아예 사용하지 않은 작품들이 대부분이고, 설사 한글을 사용했다 하
더라도 다른 나라인 미국의 선전 포스터에 어색하게 끼어 있는 듯한 느낌을 주
며 나그네가 주인이 되고 주인이 나그네가 된 것 같은 착각마저 들게 하고 있다.

이러한 서구 문화 시대의 영문 활자에 대한 사대사상은 곧 심각한
한글 콤플렉스로 이어졌다. 이는 한글의 정체성에 대한 인식
부족으로, 옛활자 시대 이래 계속된 사대사상이 새로이 연장된
것이라 할 수 있다.
우리나라에서 '그래픽 디자인', '시각 언어'라는 용어가 전파되기
시작한 것은 1954년경부터라고 한다. 즉 디자인이라는 용어는
1950년대에 사용되기 시작하였고 한국 시각 디자인의 실제적 형성은
1960년 이후, 본격적 운동은 1965년경 이후부터이다.
1960년 이후 산업 구조가 공업화로 전환됨에 따라 산업 디자인
캠페인이 일어났다. 이는 디자인포장센터 설립, 상공미전 개최,
디자인 계몽을 위한 출판물 간행, 각급 대학교에 디자인 관련 학과
증설 등의 디자인 운동으로 표출되었다. 그러나 이 시기의
근대화된 디자인 교육과 함께 서구 문화와의 빈번한 경제적 접촉은
영문 활자의 활용을 가속하는 역할을 하였다.
특히 1970년대 중반부터 정부의 수출 정책이 실효를 거두면서 양질의
상품 생산은 소비자의 구매 의욕을 자극하였고, 판매 촉진을 위한
광고 캠페인이나 포장 디자인의 질적 향상은 물론 기업 간의 경쟁을
위한 광고 및 정보 전달 디자인의 수용을 위해 광고 대행사의 설립과
활동이 활발해졌다. 또한 기술 혁신과 과학 문명의 발달에 따른
고도성장과 정보화 시대로의 진입은 정보 전달 매체의 중요성을

부각하기 시작하였다. 다시 말해 디자인에 대한 사회적 요구의
증대가 자연스럽게 디자인의 세분화와 전문화를 확산시켰고,
더불어 영문 활자체의 활용이 더욱 가속하는 현상을 보였다.
반면 일각에서는 본격적으로 한글꼴에 관심을 두기 시작한 시기로,
1969년 한글꼴에 대한 우리나라 최초의 연구가 서울대학교 부속
한국디자인센터에서 김영기에 의해 시도되기도 하였다. 이것을
시작으로 한글 기계화, 사회 능률의 재고, 경제 발전에 따라 한글을
사용하는 대중 매체, 출판물이 급증하였다. 그와 동시에 1970년대 초
한글 글꼴의 문제점들도 서서히 드러나기 시작하였다.
한글꼴에 대한 두 번째 연구는 1974년에 김진평의 석사 학위
논문 「한글 Logotype의 기초적 조형 요소에 관한 연구」를 통해
이루어졌다.[4] 이어 김홍련, 황부용, 김인철 등에 의해 미미하게나마
한글꼴에 대한 연구와 관심이 이어졌다.
이렇게 개인이나 소수 단체와 모임을 통해 한글과 한글
타이포그래피의 중요성이 확산되는 한편, 1976년 〈월간 디자인〉이
창간되어 국내 디자인의 대중화에 이바지하였고, 디자인학회가
최초로 창립되어 디자인의 학문적 발전에 공헌하게 된다.
1977년 KSVD에서 '문자의 세계'라는 주제를 놓고 그룹전을 열었다.
이것은 한글 타이포그래피의 글자 형태로 모듈화를 시도한
첫 출발점이 되어 이후 한글 타이포그래피가 조금씩 눈에 띄게
발전하는 경향을 보였다.[5]
1979년에는 이상철을 중심으로 '글꼴 모임'이 탄생되었다.
김진평, 안상수, 석금호, 손진성 등이 구성원으로 한글꼴 연구에
박차를 가하기 시작했다. 황부용은 1978년 잡지 〈꾸밈〉(No.10)의

4 김미진, 「헤드라인을
위한 한글문자체 연구」,
이화여자대학교, 1982,
21쪽

KSVD : Korea Soceity
of Visual Design
한국시각디자인협회

5 유경선, 「한글
타이포그래피의 형성과정
고찰」, 상명여자대학교,
1989, 401쪽

「한글의 헤드라인 시대를 열고 싶다」라는 주제의 기고문을 통해 당시
상황에서 시대에 부응할 수 있는 한글 타이포그래피 접근 시도를
다음과 같이 제안하고 강조하였다.

한글의 구조적인 혁명이 우리네 의식 속에 보편화되기 전까지는 현재의 상황을
극복하는 자세로써 한글 타이포그래피의 디자인에 임하고 있고, 한글 간판 환
경의 조기 쇄신을 위해서라도 레터링이나 타이포그래피의 매뉴얼이 시급하며,
한글의 문자 환경은 헤드라인용 서체의 다양한 개발로 곧 화려해질 수 있다.

1950년대 일본에서 도입된 사진식자기는 이제 1970년대를 기점으로
국산화가 시작되었고, 이 시기 후반에는 컴퓨터가 보급되어
전산활자가 제작되면서 한글 활자체 전문인 3세대가 등장하였다.
이러한 제작 도구의 새로운 전환은 1980년대에 한글 활자체의 활발한
전산화 개발로 이어졌고 활자체 개발의 중요성을 부각시켰다.
말하자면 그동안 일본에서 제작된 한글 사진식자를 사용해 왔는데,
이제는 미국에서 수입된 컴퓨터를 통하여 한글 디지털활자의 새로운
제작 도구와 방법이 사용됨을 의미하는 것이다.
그러나 시대와 함께 변화한 활자 제작 도구와 방법은 활자 형태에
직접적인 영향을 미치는 요소의 하나로서 한글 활자의 성격을
결정지을 뿐이었다. 즉 새활자 시대 이래 누적된 한글 활자체의
문제점과 함께 모아쓰기 방식의 복합 구조인 한글의 구조적 특성
안에서 수준 높은 타이포그래피를 활용할 수 있도록 유도하는 것이
원도활자 시대의 중요한 과제로 등장하였다.
그 과제는 다름 아닌 뛰어난 한글의 조형 감각 개발로 한글

콤플렉스를 극복하고 새로운 한글의 발전을 이끄는 것이었다.

원도활자 시대와 한글 활자체

원도활자 시대의 한글 활자꼴은 전통적인 네모틀 활자체로,
기본적으로 명조체와 고딕체(그림 2-2)가 주를 이루었다. 당시
활자체들은 새활자 시대 이래로 계속된 일본의 활자 제작 방법과
기술 의존으로 조판상 여러 가지 문제가 야기되었다.
특히 1970년대부터 한국 시각 디자인의 활동이 본격적으로
시작되면서 그림 2-2와 같이 한글 타이포그래피 재료의 심각한 빈곤
현상이 두드러졌다.
또한 서구 문화 시대와 맞물려 한글의 글자 모양이 글자의
아름다움에서 영문 알파벳보다 열등하다고 생각하는 한글
콤플렉스와 함께 영문 알파벳에 대해 사대주의적인 생각을 품게
하였다. 영문 활자체의 뛰어난 조형 감각은 곧 글자의 심미성과
가독성을 유도하는 디자인의 속성에 따른 것이었다.
이 같은 한글 콤플렉스 현상과 원인을 통해 한글의 조형 감각 개발이
무엇보다 중요한 일임을 깨닫게 되었고, 그 문제를 해결하는 방안이
요구되었다.

MS 가는 명조	아름답고 기능적인 한글
MS 중간 명조(신명조)	아름답고 기능적인 한글
MS 굵은 명조	아름답고 기능적인 한글
MS 돋보임 명조	아름답고 기능적인 한글
MS 가는 고딕	아름답고 기능적인 한글
MS 중간 고딕	아름답고 기능적인 한글
MS 굵은 고딕	아름답고 기능적인 한글
MS 돋보임 고딕	아름답고 기능적인 한글
SK 가는 명조	아름답고 기능적인 한글
SK 중간 명조	아름답고 기능적인 한글
SK 굵은 명조	아름답고 기능적인 한글
SK 돋보임 명조	아름답고 기능적인 한글
SK 신문 명조	아름답고 기능적인 한글
SK 가는 고딕	아름답고 기능적인 한글
SK 중간 고딕	아름답고 기능적인 한글
SK 굵은 고딕	아름답고 기능적인 한글
SK 돋보임 고딕	아름답고 기능적인 한글
SK 신문 고딕	아름답고 기능적인 한글

2-1 원도활자시대의 모리사와(MS)와 샤켄(SK) 사진식자체

신문명조	월간 디자인 창간 십삼주년
신명조	월간 디자인 창간 십삼주년
SK태명조	월간 디자인 창간 십삼주년
SK중명조	월간 디자인 창간 십삼주년
M세명조	월간 디자인 창간 십삼주년
SK세명조	월간 디자인 창간 십삼주년
M태명조	월간 디자인 창간 십삼주년
특신명조	월간 디자인 창간 십삼주년
특신명조사체	월간 디자인 창간 십삼주년
견출명조	월간 디자인 창간 십삼주년
궁서체	월간 디자인 창간 십삼주년
세고딕	월간 디자인 창간 십삼주년
M중고딕	월간 디자인 창간 십삼주년
태고딕	월간 디자인 창간 십삼주년
견출고딕	월간 디자인 창간 십삼주년
빅 체	월간 디자인 창간 십삼주년
헤드라인	월간 디자인 창간 십삼주년
신그래픽	월간 디자인 창간 십삼주년
세나루	월간 디자인 창간 십삼주년
다나루	월간 디자인 창간 십삼주년
특다나루	월간 디자인 창간 십삼주년
그래픽	월간 디자인 창간 십삼주년
태그래픽	월간 디자인 창간 십삼주년

2-2 한글 사진식자 활자체 출처 : 〈월간 디자인〉 1989. 10, 93쪽

디지털활자 시대와 한국 문화 시대 : 1990-현재

1990년대부터는 컴퓨터 점 폰트 활자로부터 글자의 윤곽선을 채워서
글꼴을 개발한 윤곽선 폰트 시대로, 1995년 이후는 다중 윤곽선
폰트 개발로 글자의 굵기나 방향 크기의 변형이 자유롭게 되었다. 이
디지털활자 초기 표현 방식인 점 글자bit-map에서 윤곽선 글자outline의
포스트스크립트postscript 출력 방식으로의 발전은 전자 출판에서
하나의 혁명을 가져왔다.

1980년대 이후 국내에 설립된 많은 한글 폰트 업체들은 한글
활자체의 새로운 발전을 암시하였고, 이들은 전통적인 네모틀과
새로운 탈네모틀 활자체의 다양한 개발에 이바지하였다. 또한
옛 활자꼴의 개발 활용, 서예 작품 글꼴의 실용화, 손글씨 개발 등
다양한 활자꼴의 개발 시도는 이전 시대와는 비교도 할 수 없을 만큼
폭넓은 활자 개발의 방법과 범위를 보여 준다.

컴퓨터와 네트워크의 발전은 문화적으로 전 세계를 지구촌globalization
시대로 이끌었다. 문화가 국가의 경쟁력이자 무한한 부가 가치를
창출하는 근원으로 자리하게 되었다. 세계화 정책을 통한 개방으로
문화의 동질화 현상을 꾀하고, 이제 신토불이의 본질적 한국 문화의
정체성이 차별화된 국가 경쟁력이 되어 한국 문화 시대를 유도하게
된 것이다. 여기서 문화 정체성을 통한 한국적 디자인이란 과거
지향적이거나 국수주의적인 디자인이 아닌 국제화 시대에 우리만의
디자인 철학을 바탕으로 한 디자인을 의미하는 것이다.

한글 디지털활자의 급속한 발전은 기술적 측면과 함께 활자체의
양적 증대에 크게 이바지하였다. 그러나 질적 측면에서는 어떠한가?
외국에서는 활자체 한 벌을 만들기 위해 디자이너가 중장년기의

젊음을 바칠 만큼 많은 시간과 노력을 기울인다고 한다. 이에 비해
우리의 활자체 개발 현실은 어떠한지 반문하고 싶다. 풍요 속의
빈곤이라고 할 만큼 상업적인 측면에만 지나치게 급급한 나머지
활자체 디자이너를 값싸게 대우하고 짧은 시간에 기계적인 작업만을
요구하는 정체성 없는 개발은 아닌지 생각해 본다.

시대와 함께 놀랄 만큼 빠른 발전과 성장을 가져온 우리의 활자체
개발 시장은 이제 세계화 속의 한국 문화 시대에 상응하는
창의적인 개발을 이루어야 할 것이다. 따라서 미래의 발전을 위한
완성도 높은 기본 활자체를 바탕으로 더욱 풍부한 활자 가족을
개발해 가는 우리 시대 디자이너의 의지와 노력이 그 어느 때보다도
필요한 시점이다.

3
—
김진평의
한글 디자인
담론

1 디자인 정신

김진평의 디자인 정신과 자세 등을 바탕으로 한 그의
타이포그래피관에 대하여 살펴보자. 한 잡지에 기고한 글에서 그는
자신의 한글 활자꼴에 대한 관심을 다음과 같이 설명한다.[6]

6 김진평, 「새로운
활자꼴의 창조자」, 월간
시각디자인, 1987. 4,
29쪽

돌이켜보면 초기에 가졌던 활자꼴에 대한 나의 막연한 호기심이 이제까지 계속
된 듯하다. 현장에서의 모든 경험도 그러한 내 호기심을 중심으로 행해진 것들
이었다. 개별적 활자꼴의 모양은 그것이 모여서 이루는 모든 타이포그래피의
표현에 가장 커다란 영향을 준다. 때문에 활자의 배열과 활자꼴은 불가분의 관
계에 있다고 보아진다. 그중에서도 나는 활자꼴에의 관심에서 출발하여, 필요
에 의해 활자 배열상의 문제에까지 관심을 확산시킨 경우이다. 그러나 여전히
주된 관심은 활자꼴에 있다고 말할 수 있다.

이는 한글 활자꼴에 대한 막연한 관심이 활자 배열상의 문제로까지
확대된 타이포그래피에 대한 자신의 생각을 표현한 것이다. 그의

경험들, 즉 1978년 합동통신사의 〈리더스 다이제스트〉 잡지
제호와 기사 제목에서 시작된 로고타입 디자인은 호기심의 발로에
기인한다는 사실을 알 수 있다.

그는 시대적으로 누적된 한글 타이포그래피의 시급한 문제점을
해결하기 위한 가장 기본적이고 구체적인 방안으로 한글 활자꼴,
즉 한글 디자인의 발전을 꼽았다. 다시 말해 이 한글 타이포그래피의
문제점을 합리적으로 해결하기 위해 사대 의식과 한글 콤플렉스를
일으킨 영문 활자체 못지않게 뛰어난 감각과 조형성을 갖춘
한글 디자인의 필요성을 강조한 것이다.

그는 합동통신사 근무 시절, 한국 시각 디자인의 과도기인
어려운 시대적 상황에서 가져야 할 투철하고 확신에 찬
디자인 정신과 자세에 대하여 다음과 같은 글을 썼다.[7]

7 김진평, 「뚜렷한 확신과
크리에이티비티」, 월간
디자인, 1977. 9, 63쪽

'가능한 한 자신을 여유 있게 만들어야 한다'고 생각하는데, 그것은 항상 싱싱
한 크리에이티비티를 만들어 주기 때문이다. '정확한 포지셔닝에서 출발하는
것'은 문제를 합리적으로 해결하여 훌륭한 크리에이티비티를 낳는 열쇠가 된다
고 생각한다. 디자인 분야가 별로 세분화되어 있지 못하고 전문가들이 요구되
지 못하는 '과도기적 상황'이지만 오히려 그렇기 때문에 전문적 분야를 파고드
는 '개척정신'은 오늘 이 땅의 디자인 불모지를 가꾸어 나가는 밑거름이 될 것
이라고 믿는다.

이 글을 통해 그가 시대적으로 어떠한 제약이나 한계 상황에서도
창의성을 포기하거나 굴하지 않고 능동적인 개척자 자세로 문제를
해결해 나가려는 합리적이고 긍정적인 사고의 디자이너였음을
파악할 수 있다.

이러한 개척 정신을 바탕으로 한 그의 디자인 정신은 한글의 조형적
가치를 통해 기존의 진부하고 보수적이며 전통적인 표현의 한계를
뛰어넘어 더 새롭고 폭넓은 차원의 창의적인 한글 표현의 확장
가능성을 보여 주었다. 아울러 새로운 한글 표현의 기틀을 마련하는
계기가 되었다. 창의성을 디자인에서의 중요한 요소로 생각하는
그의 작업 태도 그리고 마음가짐에서 드러난 호기심, 참신함, 탐구심,
개척 정신, 창의성에 대한 질문과 그 해답의 모색은 디자이너로서
그의 천부적 재능을 보여 준 것이다.
한 인터뷰에서 그는 생전에 로고타입을 제작하는 일 외에 자신이
해야 할 일 3가지를 꼽았다. 그의 의도를 요약하면 다음과 같다.[8]

8 「타이포그래피의 대
사회적 정의를 실천하는
타이포그래퍼-김진평」,
월간 디자인, 1990. 6,
34쪽

첫째, 폰트를 개발하는 일은 새로운 글꼴을 개발하고자 하는
개인적인 욕구와 표나지 않은 일에 매달리는 사람이 많지 않은
현실을 반영한 것이다. 둘째, 타이포그래피를 이론적으로 체계화하는
일은 교육적 측면에서 이론적 근거를 마련해 하나의 학문으로
정립시키겠다는 학자로서의 욕구이다. 셋째, 타이포그래피의
표현 작업은 한글을 의사 전달 수단이 아닌 시각 요소로 취급해
조형 작품으로 표현하고자 하는 바람이다.

이것은 성실하고 훌륭한 디자이너로서, 또한 교육자로서의 그의
소양을 잘 반영한다. 끊임없는 도전과 진지하고 성실한 자세로
작업에 임하는 마음가짐, 무엇보다 한글 조형의 이론과
실제를 겸비한 그는 디자이너 사이에서도 한글에 대한 열정과
사랑으로 가득 찬 활동적인 타이포그래퍼로 손꼽혔다. 이것들은 모두

그의 작품들 속에 그대로 녹아 있다.

1998년 3월 49세의 젊은 나이로 타계하기까지 그는 한글
타이포그래피의 발전을 위해 끊임없는 연구와 노력에
일생을 바쳤으며, 우리의 타이포그래피 교육은 어떠해야
할 것인가를 시대를 앞서 몸소 실천으로 보여 준 우리 시대에
보기 드문 훌륭한 디자이너이자 존경받는 교육자였다.
또한 자신의 육체마저 의학 발전을 위해 아낌없이 기증함으로써
끝없는 사랑과 나눔의 희생정신을 보여 주었다. 아울러 사후에도
제1회 서울타이포그래피비엔날레 특별전 초대 작가로 선정되어
세계 속에 한글의 위상을 드높였다. 이렇듯 사랑과 열정으로
가득 찬 그의 디자인 작업과 정신은 세월이 흐를수록 우리 가슴에
또 한국 시각 디자인사에 큰 빛을 던진다.

이 책에서는 김진평의 디자인 정신과 자세를 통해 새로운
한글 표현과 디자인의 발전을 위한 2가지 타이포그래피 관점을
추출해 내고자 한다.
첫째, '정체성'이다. 새로운 지평을 여는 한글 디자인은 한글의
정체성, 즉 우리의 문화적 정체성을 바탕으로 하는 것이다.
둘째, '창의성'으로 시대에 부응하는 한글의 감각적인 현대화를 위해
활자 산업이 앞선 나라의 다양한 활자체 표현을 도입하여 우리의
글자 감각을 새로운 수준으로 끌어올리는 것이다.
이 2가지 타이포그래피 관점은 김진평의 로고타입 디자인을 통해
한글의 과거와 미래를 잇고 보편과 개혁을 바탕으로 한글의
독창적 특성을 추구하기 위함이다.

정체성

정체성에는 참모습, 본체 등의 사전적 의미가 있다. 즉 이것은
인종적, 민족적, 언어적, 종교적 그리고 국가적 문화에 '속해
있음'으로써 형성되는 측면들을 지칭한다. 김종균의 연구 「한국 현대
디자인의 문화 정체성 연구」에서는 문화 정체성에 대하여 다음과
같이 설명한다.[9]

9 김종균, 「한국 현대
디자인의 문화 정체성
연구」, 서울대학교,
2004, 10쪽

**문화적 정체성은 특정집단의 과거 역사적 경험이나 지리적 근접성, 미래에 대
한 공통목표 등에 의해 구성되며, 그 집단 성원들에게 문화적 동질성과 독자성,
그리고 현실이해에 대한 공통의 지침을 제공하는 역할을 한다.**

김진평은 한글의 정체성을 통해 한글의 고유성, 독창성, 전통성을
탐구하고 이를 한글 디자인의 중요한 요소로 다루고자 하였다.
이는 한글의 문화적 정체성과 맥락을 같이한다.
이미 그는 석사 논문에서 한글의 기원과 제자 원리를 바탕으로
한글의 기초적 조형 요소의 본질과 가독성 등을 규명하였다. 또한
연구 논문 「한글 활자체 변천에 관한 연구」를 통해 그 시대뿐만
아니라 미래에 더욱 폭넓고 다양하게 개발될 문화적 위상과 근거를
마련하기 위하여 500년 동안 익명으로 자리했던 자주적이며
독창적인 한글 활자체의 역사적 변천 과정을 새롭게 규명하여
정립하고자 하였다.
한글은 우리의 문화적 소산으로, 그 기호의 조형적 측면에서
다른 글자들과 차별성을 가진다. 특히 동아시아에서 유일하게
발전한 음소 글자로 서구 알파벳과 비견되는 하나의 글자 문화이다.

우리의 문화적 정체성을 제시하는 조형적 기원을 가진 한글은 글을 읽는 사람에게 정서적 영향을 주기 때문에 한글의 조형성을 실제로 잘 반영하는 것은 매우 중요하고 의미 있는 일이다.

이러한 한글의 조형성을 바탕으로 조화롭게 다듬어지고 표현이 단순화되어 부드러움과 함께 살아 움직이는 표정과 상징성을 보여 준 김진평의 작품의 중심에는 한국성이 놓여 있다. 한글의 조형성에 따른 확실한 디자인 의도와 개성은 가장 좋은 한글 표현과 디자인을 구현하게 하였으며, 한글 기초 조형 요소의 연구 분석에 따라 적용된 새로운 원리는 새로운 글자의 구조와 균형을 섬세하게 조절하여 표현해 주었다.

음소 글자의 특성과 조합 글자라는 독창적인 조형적 특징과 함께 모아쓰기 조합에 따른 한글의 구조적 조형 문제는 더 폭넓고 다양한 활자체 개발을 저해하는 하나의 요인으로 지적되기도 하였지만, 우리 것을 발전시키고자 하는 그의 실천 의지는 한글의 정체성을 끊임없이 다지는 보편성 위에 새로운 개혁을 추구한 것이다.

김진평은 1970년대 말 한글의 기초적 조형 요소 연구를 통해 한글 표현에서 글자체의 균형과 조화의 형태적 완성도를 꾀하였고, 이를 바탕으로 미적 효과와 가독성을 철저하고 완벽하게 추구하였다. 결과적으로 김진평의 한글 정체성에 따른 조형성의 이해는 기존 한글의 표현과 달리 참신하고 혁신적인 독창성을 이루어 내게 하였다.

창의성

디자인은 끊임없이 변화하는 새로운 상황에 적응해야 한다. 아울러
디자인은 인간이 요구하는 새로운 상황을 창조해야만 한다. 김진평의
작품에서는 이전 시대에 시도되지 않았던, 변화하는 시대에 부응하는
실험적인 현대성을 인지할 수 있다. 이는 그의 한글 표현에서 현대적
조형 감각이 두드러짐을 의미하는 것이기도 하다.

활자체가 그 시대의 문화 양식과 시대사조를 반영한다는 관점에서
볼 때, 다양성의 시대에 접한 한글에는 다양한 개성이 요구된다.
수세기에 걸쳐 발전을 거듭한 영문은 이미 수천 종의 본문용 및
제목용 활자에 이르기까지 다양한 성격의 활자체들이 개발되었다.
김진평은 한글의 현대화를 위해 다양한 영문 활자체의 표현 방법과
자료를 도입하여 우리의 한글 표현에 응용하고 적용하는 것을
새로운 한글 디자인의 표현에서 중요한 방법의 하나로 파악하였다.
동서양의 사상과 조형 의식이 다른 것처럼 활자체에서 드러나는
특징은 그 문화의 특성을 대변한다. 그래서 그는 동양 철학의
음양오행에 따른 자연스러움을 바탕으로 한 한글의 조형성 위에
서구의 직선적 세계관에 따른 관념적이고 기하학적인 기준에서의
조형미를 갖춘 특성을 최대한 응용하여 글자 표현에 새로운 변화를
이루고자 하였다.

세기에 걸친 연구로 다양하게 발전한 영문 활자체에 비해 짧은
역사와 미흡한 연구로 뒤떨어진 한글 표현에서 이렇게 새로운 창조와
실험적인 변화의 움직임은 당시 시대 문화적 요구와 가치에
부응하는 적극적이고 창의적인 문제 해결의 의식으로 보인다.
이러한 시대적 환경에 따른 김진평의 적극적이며 실험적인

한글 연구와 창조적인 작업들은 이후 한글 디자인의
다양한 발전 가능성으로 두드러져 새롭고 중요한 영향력을
발휘하였다.

2 교육 정신

교육자로 산다는 것은 지식만을 전달하는 것은 분명히 아니다. 김진평 선생의 강의를 한 번이라도 들어 본 학생들은 그 시간을 따뜻한 수업으로 기억한다. 현재 타이포그래피 교육자, 타이포그래퍼로 활동하는 제자들의 기억을 통해 선생의 교육 정신을 정리해 보았다.

김진평 선생을 생각하면 가장 먼저 떠오르는 것

사랑. 선생님의 트레이드마크와 같은 환한 미소이다. 누구를 만나든 특유의 밝고 환한 미소로 반갑게 맞아 주시던 모습, 그 안에 타인을 향한 숨김없는 사랑이 담겨 있다. 늘 긍정적인 생각을 전하는 것도 선생님의 몫이었다.

수업을 받으면서 인상적이었던 기억

열정. 선생님 수업은 늘 쉬는 시간 없이 꽉 채우고도 정시를 넘겨야 끝이 났다. 그만큼 진정성이 있었다. 언제나 학생 한 사람 한 사람에게 온 힘을 다했다. 그 열정이 아직도 생생하다. 대학원 수업에서 선생님은 한글 조형에 대해 조합형, 완성형, 세벌식, 네벌식, 이 모든 것에 앞서 한글의 아름다움이 우선해야 한다고 말씀하셨다. 방법이 어떠하든지 아름다워야 한다는 것이 그의 생각이었다. 그것을 위해 끊임없이 연구하고 애쓰던 모습을 기억한다. 선생님의 이 말씀은 내가 한글 조형을 대하는 중요한

관점일 뿐만 아니라 모든 시각 디자인에도 적용되는 소중한
잣대가 되었다.

김진평 선생이 남긴 교훈이나 영향

진정성. 선생님의 로고타입은 언제 봐도 잔잔한 감동을
불러일으킨다. 한참 지난 지금에 와서 봐도 나무랄 곳 없이
완벽한 조형성을 자랑한다. 기계적인 세련된 아름다움도 아니고,
손맛에 의한 질박한 아름다움도 아니다. 순수한 열정과 진정성이
묻어나는 그런 아름다움이다. 작가의 진정성이 보는 이의 마음을
움직이는 힘이다.
오래전 선생님 추모 1주기를 앞두고 추모 논문집을 만들기 위해
자료를 정리하다가 선생님의 작업 과정이 그대로 담긴 스케치를 보고
매우 놀랐다. 짐작은 하고 있었지만 그렇게까지 정교한 작업 과정이
있었음을 미처 몰랐다. 곡선 하나도 그냥 만들어진 것이 아니었다.
여러 각도의 수많은 곡선이 모여 새로운 조형을 만들어 내는 과정을
통해 얻은 그것들은 오늘날 봐도 손색없는 선생님의 로고타입들이다.
선생님은 빛나는 결과를 추구하지도 요구하지도 않으셨다. 선생님의
작업은 누구에게 보여 주기 위한 자본주의적 욕구와는 거리가 먼
최선의 아름다움을 찾는 과정이었다. 그는 결과에 집착하지 않고
성실하게 한 우물을 파는 진정성을 가르쳐 주셨다. 어떤 일이든
마음과 정성을 다한다면 진정한 결과가 나오며, 그 결과는
시대를 막론하고 사람들의 기억 속에 오래 남을 수 있음을 가르쳐
주신 분이다.

디자이너, 교육자로서 닮고 싶은 부분

겸손. 선생님은 스타가 아닌 진정한 스승이다. 단순히 지식만을
전달하는 교육자가 아니다. 모든 학생에게 삶에서 소중한 것이
무엇인지를 솔선수범으로 깨닫게 해 주시고, 드러나지 않게 내실을
추구하는 삶의 모범이 되셨다. 학생들 한 사람 한 사람을 진정으로
대하는 일, 미흡한 학생의 작업도 잘했다 칭찬하며 격려하는 일,
잠재 가능성을 찾아내어 이끄는 일, 게다가 삶에서까지 모범을
보이는 일, 이러한 쉽지 않은 일을 실천하셨다. 자신을 아주 낮은
곳에 두고 학생을 대하던 그 모습, 진정한 스승의 모습을 닮고 싶다.

김병호 | 디자인모루 대표

김진평 선생을 생각하면 가장 먼저 떠오르는 것

유난히 해맑았던 웃음, 그리고 날카로운 비평. 교수님의 비평은
늘 날카로웠지만, 미소와 웃음 그리고 적절한 유머 덕분에 언제나
가슴에 와 닿았던 기억이 난다.
한 예로, 타이포그래피 포스터 작업 중 유난히 색채 선택에
애를 먹곤 했던 나는 온통 차가운 색만을 사용했는데, 선생님께서
그런 나의 작업을 보시고 빙그레 웃으시면서 "물에 너무 말았구나"
하시며, 다른 색채 선택을 제안해 주셨다. 늘 유머가 함께했던
교수님의 조언이 지금도 많이 그립다.

수업을 받으면서 인상적이었던 기억

대학원 수업 중 원서를 읽고 토의하는 시간이 있었다. 선생님께서
일 년간 미국 시라큐스대학교Syracuse University에서 연구 교수를 마치고
돌아올 때 가져오신 『타이포그래픽 커뮤니케이션 투데이Typographic
Communications Today』라는 책이 당시 교재였다. 정말 많은 타이포그래피
디자이너와 작품이 시대와 주제별로 분류되어 있었고, 그것을
그룹별로 읽고 요약하여 논의하는 수업이었다. '대학원생은 그깟
전공 원서쯤은 무리 없이 해석해야 된다'라는 고정 관념과는 반대로
절대 쉽지만은 않았던 첫 원서 수업이었지만 선생님께서는 앞서가지
않으시고 학생들의 '고통'에 기꺼이 동참해 주셨다. 예를 들면,
영문 해석에 익숙하지 않은 학생들에게 심지어는 수동태와 능동태
문법까지 문제가 된 적도 있었지만, 선생님께서는 그 해석을
문장 전체의 맥락에서 풀어내든, 아니면 문법 안에서 곧이곧대로
풀어내든 학생들 스스로 끝까지 해결하도록 이끄셨다. 만일 그 당시
선생님께서 직접 해석 또는 수정해 주셨다면 우리의 자존심과 실력의
향상은 그 수업의 진도와 분명히 반비례했을 것이다.

김진평 선생이 남긴 교훈이나 영향

온화 그리고 타인 존중. 처음 대학 강의를 하게 되었을 때, 논문 지도
교수셨고 늘 다정하게 이름을 불러 주시던 선생님께 무척 설레는
마음으로 인사를 드리러 갔다. 선생님께서는 강의와 학교생활에
관련된 상세한 것까지 조언해 주셨고, 또 나의 질문에 꼼꼼히 답해
주셨다. 뜻밖의 긴 대화와 조언에 감사하며 교수님 연구실을 나오는
내게, 선생님께서는 정중히 악수를 청하시면서 새로운 사회적 출발을

진심으로 축하해 주셨다. 제자로서 찾아뵈었던 것이고
아직 그 일을 시작도 하지 않은 내게, 마치 동료 교수인 것처럼
정중하게 대해 주셨던 기억은 내가 선생님과 같은 입장이 되었을 때
어떻게 행동해야 하는지를 가르쳐 주었으며, 그 당시 내게 주신
용기는 지금까지도 마음속 깊이 남아 있다.

디자이너, 교육자로서 닮고 싶은 부분

절제와 정의의 지향. 선생님께서는 절제와 정의 안에서 행동하고
말씀을 하셨던 분으로 기억하며, 그것은 특히 학교에 몸담은
내게 매우 중요한 부분이라고 생각한다. 학교는 학생과의 열린
대화, 정확한 답변, 연구, 봉사 그리고 사회 활동의 적절한 균형을
중요하게 요구하는 곳이라서 각자의 다른 판단 기준 속에서도 나
스스로 판단의 근거를 세우는 일이 중요하다. 절제와 정의는 그러한
면에서 중요한 가치이며, 선생님께서는 이를 실천하셨고 제자들에게
행동으로 가르쳐 주셨다. 사실 그 가치는 생활은 물론 연구 방향이나
전개에도 많은 영향을 미쳤다.

김진숙 | 미국 워싱턴대학교 커뮤니케이션디자인학과 교수

김진평 선생을 생각하면 가장 먼저 떠오르는 것

눈이 안 보이도록 환하게 웃으시던 선생님의 맑은 얼굴이 생각난다.

수업을 받으면서 인상적이었던 기억

매주 방안 대지에 로트링 펜과 잉크로 하던 레터링 과제들은 엄청난
시간을 투자해야 했지만 아름다운 글자들을 접하면서 이제야
디자이너 공부를 제대로 시작하는 것 같은 뿌듯함을 느꼈다.

김진평 선생이 남긴 교훈이나 영향

대학교 2학년 때 김진평 선생님의 문자 디자인 수업은 현재
타이포그래피를 가르치기까지 내 삶의 궤적에서 중요한
첫걸음이었다. 로만 알파벳의 5가지 기본 스타일, 한글의 명조체,
고딕체에 대한 이해, 로만 알파벳과 한글의 모양 차이에 따른
적절한 글자사이 등 전달해 주셨던 타이포그래피의 기본 지식과
형태에 대한 태도는 다양한 영문 글꼴에 관심을 두는 나의 연구와
교육에 씨앗이 되었다.

디자이너, 교육자로서 닮고 싶은 부분

자신의 전문 분야에 대한 열린 자세와 성실하고 온화한 교육자의
모습이다. 선생님께 배웠던 시절 우리는 선생님께서 그렇게 많은
아름답고 독창적인 글자를 만드신 분인지 몰랐다. 은근히라도 업적을
자랑하지 않으셨다!
당시는 왕성하게 일을 하시던 때였으니 당신의 관심사인 한글
디자인만을 강의하셔도 되었을 것이다. 그러나 선생님께서는
시각디자인학과 2학년 학생들의 문자 디자인 수업을 로만 알파벳,
한글의 균형 잡힌 기초 타이포그래피 커리큘럼으로 계획하셨고,
뉴욕 쿠퍼유니언The Cooper Union의 제임스 크레이그James Craig 교수가 쓴

기초 타이포그래피 책을 복사하여 함께 읽으며 익히도록 하셨다.
지금 생각해 보면 선생님께서 여러 가지 영문 글꼴을 주의 깊게 보게
하신 것은 500년 서구 타이포그래피의 역사를 통해 형성된
완성도 높은 다양한 형태들을 통해 새로운 한글꼴의 형태를 모색해
보자는 것이었다.
선생님께서는 학생들이 써 온 글씨를 대체로 웃는 얼굴로 평가해
주셨다. 잘하고 잘못함으로 수업에 긴장감이 흐를 필요가 없었다.
자신이 가르치는 분야를 아주 잘 아는 선생님의 실력이 여유로운
수업 분위기를 만들었던 것 같다. 자신의 전문 분야에 대한 애정과
열정, 작고 깡마른 체구의 선생님이 가득 채우던 교실이었다.

김현미 | SADI 커뮤니케이션디자인학과 교수

김진평 선생을 생각하면 가장 먼저 떠오르는 것

환한 웃음소리와 평온한 미소, 인자하셨던 교육자의 모습이
가장 먼저 떠오른다. 열정적으로 끊임없이 연구하시던 모습도
기억이 난다.

수업을 받으면서 인상적이었던 기억

우선은 손으로 직접 글자를 그렸던 작업이다. 로트링 펜이나 제도기
중 부리펜을 이용해서 명조와 고딕 꼴을 그리고, 확대경으로
확인하는 일련의 과정은 섬세함과 집중력을 요구하는 작업이었다.

까다롭고 힘들긴 했지만 신기하게 느껴졌다.

또 한 가지는 영문을 한글 디자인에 적용했던 수업인데, 그 당시 매우 재미있게 작업했던 기억이 있다. 이는 처음 경험한 한글 디자인이었다. 물론 한글과 영문은 성격이 매우 다르지만 영문의 특징적 요소를 한글 디자인에 응용하고 접목하는 과정에서 배우는 것이 많았다.

김진평 선생이 남긴 교훈이나 영향

대학교 4학년 후반기부터 시작하여 현재까지 나는 활자를 보듬고 만드는 일을 한다. 물론 한글 디자인으로 내가 첫걸음을 떼게 된 것 또한 김진평 선생님께서 가르쳐 주시고 열어 주신 길이다. 활자 디자인으로 진로를 추천해 주실 때 하신 말씀을 기억한다. "윤정아, 그곳에서 네 꿈의 날개를 맘껏 펼쳐 보렴." 20년이 지난 지금도 그 기억은 생생하게 남아 있다. 한글 디자인과 함께 내 꿈의 날개를 활짝 펼치는 길은 기본에 충실하면서 그 위에 열정적인 자세, 애정을 담은 자세로 매사에 임하는 것이라 믿는다. 기본에 충실하더라도 항상 노력하지 않으면 발전할 수 없는 것이 비단 한글 디자인에 국한된 것은 아니라 생각한다. 이는 끊임없이 연구하고 노력하시던 말과 행동이 일치한 선생님의 모습에서 배운 부분인 것 같다.

선생님은 칭찬을 잘해 주셨던 것으로 기억한다. 물론 쓴소리가 약이 될 때도 있지만 '칭찬은 고래도 춤추게 한다' 라는 격언처럼 나도 후배 학생들에게 한글 디자인을 가르치면서, 한글 디자인의 첫 경험을 힘들고 어려운 작업으로 기억되게 하기보다 우리가 쓰는

말을 표현하는 친근하고 다정한 글자를 디자인한다는 인식을 심어
주고 싶다. 멋진 경험으로 기억되고 직접 한글 디자인을 할 수 있다는
자신감을 갖도록 동기를 부여하는 것 또한 선생님께서 나에게 주신
영향이라 생각한다. 현장에서 한글 디자인을 하는 우리 팀원들에게는
격려와 함께 사명감으로 하는 일이라는 책임감 또한 강조한다.

디자이너, 교육자로서 닮고 싶은 부분

제자들을 차별 없이 지도하고 올바른 방향으로 이끌어 주신
김진평 선생님, 평온함 속에 열정 가득하셨던 선생님을 닮고 싶다.
인자하셨고, 출중한 인격을 갖추신 본받을 점이 많은 교육자셨다.
김진평 선생님! 선생님의 제자라고 당당히 말할 수 있도록 노력하고
싶습니다.

박윤정 | 윤디자인연구소 디자인총괄이사

김진평 선생을 생각하면 가장 먼저 떠오르는 것

환하게 웃어 주시던 미소. 대학원 시절 편집 디자인과 타이포그래피
관련 논문을 준비하면서 논문 진행이 되지 않을 때면 답답한 마음에
잔뜩 질문거리를 가지고 서울여대 김진평 선생님의 연구실을 찾았다.
미리 전화를 드리면 선생님은 흔쾌히 내 방문을 허락해 주셨고
대학교 2학년 때 문자 디자인 수업을 들은 인연밖에 없는데도 환한
미소로 반갑게 맞아 주셨다. 선생님을 생각하면 그때의 환한 웃음과

눈가의 깊은 주름, 굵은 뿔테 안경 등이 가장 먼저 떠오른다.

수업을 받으면서 인상적이었던 기억

매주 엄청난 양의 과제. 거의 매주 그래프 대지 가득 레터링을 해야
했고 그러기 위해서는 어김없이 밤을 꼬박 새워야 했다.

김진평 선생이 남긴 교훈이나 영향

시지각에 관한 이론부터 글자의 구조와 형태, 균형, 여백 등 글자를
그려 내는 데 필요한 많은 부분을 모두 선생님께 배웠다. 하지만 그
모든 것보다 선생님의 인간적인 모습, 가까이하기 어려운 교수님의
모습이 아니라 늘 학생들에 대한 사랑과 배려가 넘치는 모습은
현재 선생이라는 직업의 내가 멘토로 삼아야 할 부분인 것 같다.

디자이너, 교육자로서 닮고 싶은 부분

한글 글꼴에 대한 애정과 열정, 사랑과 배려가 넘치는 선생님의
인간적인 부분이다.

신청우 | 전주대학교 교수

김진평 선생을 생각하면 가장 먼저 떠오르는 것

환한 웃음과 미소, 글꼴의 표정, 한글의 글자 표현, 본문용 활자체.

수업을 받으면서 인상적이었던 기억이 있다면

'균형과 조화'라는 말씀을 항상 하셨다. 그리고 기본과 원리 원칙을
중요시하셨다. 그렇지만 항상 유머와 위트가 있었던 분으로
기억한다. 어느 날 오전 수업, 학생들이 밤새 과제를 하고 멍한
표정으로 선생님의 설명을 들었는데 모두 이해가 잘 안 된다는
얼굴을 하고 앉아 있었다. 그러자 선생님께서 동그라미 2개와
물음표 하나를 가지고 교실의 분위기를 칠판에 재미있는 그림으로
묘사하시고 "현재 여러분의 얼굴이 어떤지 아시나요? 바로 이런
표정입니다" 하며 수업의 분위기를 재미있게 이끌어 가시던 모습이
생각난다.

김진평 선생이 남긴 교훈이나 영향

'한글 글꼴 디자인은 편법이나 요령이 통하지 않는다'라는 것이다.
한글 글꼴 디자인은 전체와 부분, 공간과 도형, 글자와 낱자가 균형과
조화를 이루어야 한다. 부분을 완성해도 전체가 조화를 이루지
않으면 안 되고, 전체를 맞추어도 부분의 균형이 흐트러지지 않아야
하므로, 이 작업을 반복적으로 되풀이하여 완성해 나가야 한다.
수업 시간에 한 획, 한 획 낱자를 멋지게 그려 놓아도 글자의 균형이
맞지 않으면 글자 사이와 글자 크기를 다시 조정해야 했는데 처음
해 보는 데다가 일일이 지적해 주시니 꼼짝없이 몇 번씩 수정을
반복할 수밖에 없었다.
그리고 이 과정을 하나라도 건너뛰고 대충 했다가는 다음 진도를
나갈 수 없었고, 또 일일이 손으로 그려야 하니 지루하고 갑갑한
노릇이었지만, 대충 요령을 피우다가는 더 낭패를 보게 되므로

처음부터 단단히 각오하고 임할 수밖에 없었다. 한글 글꼴 디자인은
편법이나 요령을 피우지 않는 것이 가장 지름길임을 일찌감치 몸으로
체험할 수 있게 해 주신 선생님이다.

디자이너, 교육자로서 닮고 싶은 부분

현재 직업이 한글 디자이너다 보니 많은 부분에서 영향을 받았다.
한 가지만 예로 들자면 최근에 개발한 새로운 본문용 서체
'정조체'이다. 명조체에 대한 수업 중 처음 나오는 내용이 '한글
명조체는 그 이름의 유래가 애매하다'라는 것이었다. 그때는 그냥
'그런 것이 있구나. 안타깝다. 일본이 별걸 다 해 먹는구나' 하고
지나쳤지만 나중에 한글 디자인을 하면서 선생님께서 그때 그것에
대한 안타까움이 얼마나 크셨는지 또 얼마나 학생들에게 알리고 싶어
하셨는지 알 수 있어 마음이 아팠다.
선생님께서는 "훈민정음 창제 직후 글자 원리에 충실했던 기호적
구조의 한글 활자체가 1700년대에 이르러서는 당시의 필기도구인
붓의 성격, 필기의 자연스러운 손글씨 흐름과 활자의 균정함이
조화를 이루는 활자체로 완성되었다. 그 대표적인 사례가 1797년^{(정조}
^{21년)}에 간행된 『오륜행실도』에 쓰인 오륜행실도 활자체다. 물론
이 활자체 이전의 붓글씨나 목판 글자에서도 이와 비슷한 성격의
글자체가 있었다. 그러나 활자체로서 균정함과 통일감 및 조화가
이처럼 완성도 높게 표현된 활자체를 이전 자료에서는 아직 발견되지
못한 것으로 보아, 이 활자체야말로 오늘날 바탕체의 진정한 원조라
할 수 있다"라고 말씀하셨다.
또한 최정호 선생께서 만드신 명조를 일본에 싼값에 팔고 비싸게

다시 사서 쓰는, 즉 한글을 일본에서 수입해서 사용하고 있다는
안타까움을 수업 시간에 누누이 말씀하셨다.
우리의 대표적인 본문용 서체 즉 명조체가 그 명칭부터 일본에서
잘못 전달되어 사용되고 있다 하시면서 '정조체'를 제안하셨다.
졸업 후 오랫동안 본문용 서체에 대해 연구했다. 새로운 본문용
서체를 구상하면서 그때 말씀하신 정조체를 생각해 보았다. 그리고
바탕체의 근본 원류인 오륜행실도와 실학사상과 함께 조선의 위대한
이노베이터인 정조 대왕을 모티브로 한 본문용 글꼴을 개발하고자
하였다. 그 결과 '정조체'가 만들어졌으며. 결과적으로 정조체는 많은
부분 김진평 선생님의 영향을 받은 결과라고 할 수 있다.

디자이너, 교육자로서 닮고 싶은 부분
기본과 원칙을 중요시하고 자신에게 엄격하면서 자기가 하는
일에 신념을 지니고, 한글과 글자 디자인에 대한 조건 없는 사랑을
실천하신 것이다.

임진욱 | 한글 디자이너. (주)타이포디자인연구소 대표이사

3 한글의 조형

김진평의 한글 조형에 대한 연구와 분석은 한글 로고타입 제작뿐만
아니라 한글 디자인의 중요한 기초 연구 자료로 활용되었다. 특히
그의 모든 작품은 연구를 바탕으로 이루어졌다. 그의 석사 논문에서
제시된 한글 구조 분석 방법을 살펴보고 요약하면 다음과 같다.
우선 글자의 최소 조형 단위인 획의 분석을 첫 단계로 하고, 이어서
획의 조합으로 이루어지는 한글의 1차원적 글자 단위인 자음과 모음,
마지막으로 이들 자모의 합성을 분석하였다.
그리고 이 3가지 요소를 하나의 한글 글자꼴을 이루기 위한
조형 요소로 설정하고 다음과 같이 분석하였다.

획

붓으로 쓴 것처럼 운필적 성격으로 표현된 한글의 바탕체는 **1 가로획
2 세로획 3 삐침 4 파임 5 점 6 치침 7 고리** 등 대략 7개의 기본 획으로
구분되지만, 운필적 성격이 배제된 기본 조형 단위로서 한글의 획은
1 점 2 수평선 3 수직선 4 좌향 사선 5 우향 사선 6 원, 이렇게 6가지이며,
하나의 획에도 조형 의도에 따라 다양하고 새로운 성격이
부여될 수 있다.

자음과 모음

자음

기본 획의 조합으로 이루어지는 5개의 기본 자음은
ㄱ, ㄴ, ㅁ, ㅅ, ㅇ이며 기본 자음에 획이 추가되어 새로이 14개의
자음이 구성된다. 이들은 다시 각자 병서와 합용 병서를 통하여
그림 3-1과 같은 자음을 구성한다. 자음은 위치한 정방형 내에서
형태에 따라 자모 합성 시 많은 공간 조정이 필요하다. 자음의 형태에
따른 공간 유형 분류는 **그림 3-2**와 같다. 자음은 자모 합성에 따라
모두 다른 조건에 놓이기 때문에 형태 비례 또한 모두 다르다.
김진평은 4가지 유사한 자음 비례의 위치 조건을 묶어서 **그림 3-3**과
같이 분석 제시하였다.
또한 동일 자음의 형태 비례에서 초성이냐 종성이냐 동일 초성에서도
수평형 모음과 합성하느냐 수직형 모음과 합성하느냐에 따라
동일화가 불가능하다.
4가지로 정리한 유사 자음 비례는 다음과 같다.

1 a형 자음

수직형 모음과 종성 자음의 합성에서 초성 자음이며 그 위치 조건은
정방형에 가깝다. 그러므로 a형의 자음을 기본형의 비례로 설정할
수 있다. 이는 『훈민정음』 원본에 자음의 기본형으로 예시한 정방형
내의 기본형과 같은 비례의 위치 조건이기 때문이며, 실제로
『훈민정음』 원본에 나타난 a형 자음과 그 기본형은 형태 비례상
거의 일치한다.

기본 자음	유사 요소 증가에 따른 자음			이중 자음
ㄱ	ㅋ			ㄲ
ㄴ	ㄷ	ㄹ	ㅌ	ㄸ
ㅁ	ㅂ	ㅍ		ㅃ
ㅅ	ㅈ	ㅊ		ㅆ ㅉ
ㅇ	ㆆ			

별개 요소의 결합		
ㅄ ㄵ	ㄺ ㄻ ㄼ	ㅀ ㄶ

3-1 한글 자음의 구성 – 유사 요소의 증가와 별개 요소의 결합

3-2 한글 자음의 구성 – 자음의 형태에 따른 공간 유형

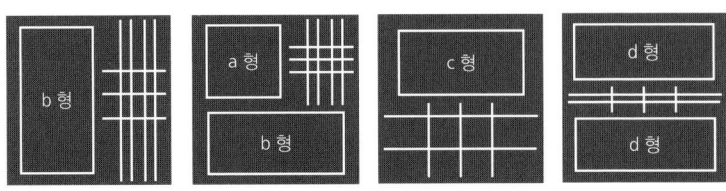

3-3 한글 자음의 구성 – 유사 비례 자음의 위치 조건

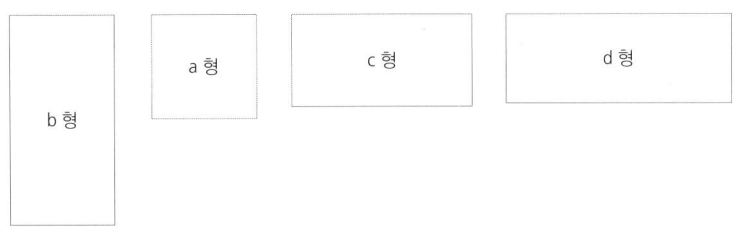

3-4 동일 자음의 자모 합성에 따른 위치

2 b형 자음

종성 자음이 없는 수직형 모음과 합성상의 초성 자음으로 그 위치
조건은 수직적 직사각형이다.

3 c형 자음

종성 자음이 없는 수평형 모음과 합성상의 초성 자음으로 그 위치
조건은 수평적 직사각형이다.

4 d형 자음

수평형 모음과 종성 자음과 합성상의 초성 자음 및 종성 자음
그리고 수직형 모음과 종성 자음과 합성상의 종성 자음으로,
이 3개의 자음은 자음의 위치 조건에서 거의 유사하게 납작한 수평적
직사각형이다.

동일 자음의 자모 합성에 따른 다양한 위치 조건의 분류는
그림 3-4와 같다.

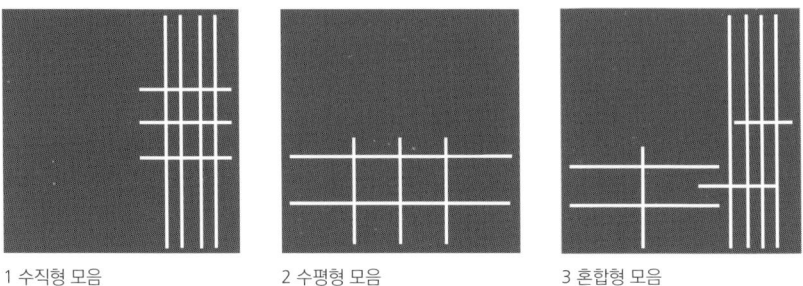

1 수직형 모음   2 수평형 모음   3 혼합형 모음

3-5 모음의 위치와 비례 변화

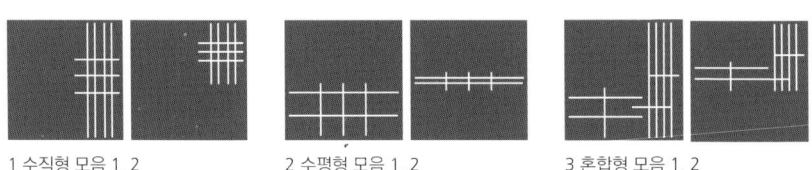

1 수직형 모음 1, 2   2 수평형 모음 1, 2   3 혼합형 모음 1, 2

3-6 모음의 비례 변화에 따른 방향감

모음

자모가 합성된 한 자 안에서 모음의 형태는 그 글자의 성격을
결정짓는다. 모음은 선의 성격과 함께 글자 내에 하나의 방향을
주는 것으로, 김진평은 그 유형을 크게 수직형, 수평형, 혼합형 모음
3가지로 **그림 3-5**와 같이 구분하였다.

1 수직형 모음

세로획이 강조되는 모음 : 아 야 어 여 이 애 얘 에 예

2 수평형 모음

가로획이 강조되는 모음 : 오 요 우 유 으

3 혼합형 모음

가로획과 세로획이 혼합된 모음 : 와 왜 외 워 위 의 웨

또한 모음은 종성과 합성됨에 따라 비례가 변하며, 비례 변화에 따라
방향감은 다음과 같이 바뀐다.(**그림 3-6**)

1 수직형 모음

세로획이 짧아지고 교차하는 짧은 획은 변동이 없으면 수직 방향의
강도가 약해진다.

2 수평형 모음

가로획은 변동이 없고 교차하는 세로획이 짧아지면 수평 방향이
더욱 강조된다.

3 혼합형 모음

수직과 수평 방향이 혼합된 중에도 수직 방향의 강도가 우세한
혼합형 모음에서, 수직 방향의 강도는 약화하고 수평 방향은
유지되면 방향성이 상쇄되어 없어진다.

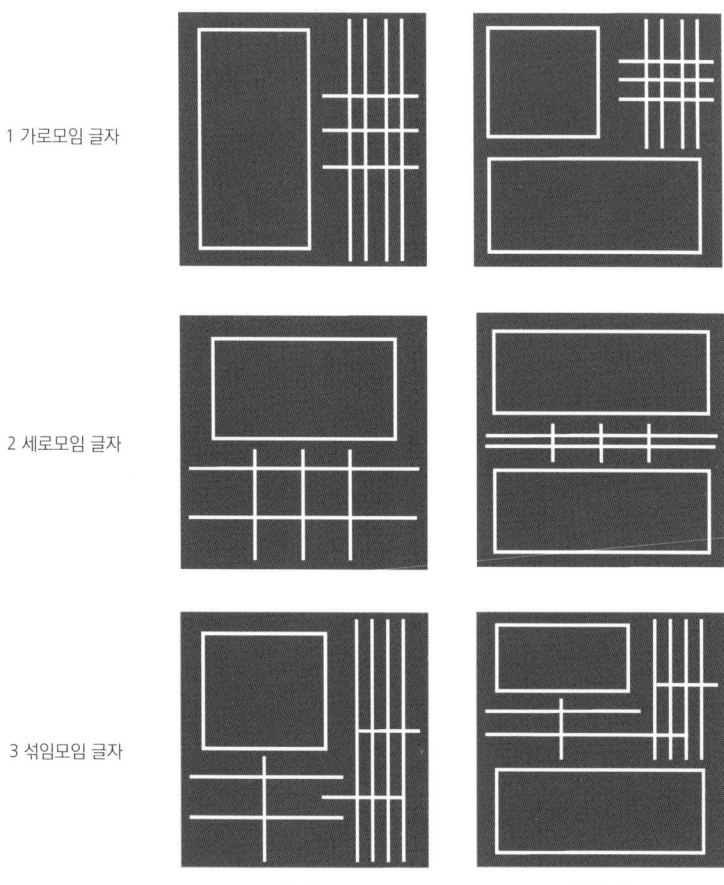

1 가로모임 글자

2 세로모임 글자

3 섞임모임 글자

민글자

받침글자

3–7 자모 합성의 형태 분류

자모 합성

자모 합성은 가로모임, 가로모임 받침, 세로모임, 세로모임 받침, 섞임모임, 섞임모임 받침의 6가지 방법(그림 3-7)에 따른다. 그러나 이 6가지 합성에 자음과 모음을 대입하면, 자모의 획수나 글자 내부 공간 및 작용 공간에 따른 공간 조정이 필요하다. 이를 모음 획의 종류에 따라 분류하면 앞서 제시한 수직형 모음 9자와 수평형 모음 5자, 혼합형 모음 7자, 종성과 합성의 여부에 따라 2가지 경우가 생김을 다음과 같이 제시하였다.

1 **수직형 합성** : 수직형 모음 9자 × 2종 = 18종
2 **수평형 합성** : 수평형 모음 5자 × 2종 = 10종
3 **혼합형 합성** : 혼합형 모음 7자 × 2종 = 14종

이렇게 세분된 한글 단위는 42종이며, 더욱이 이에 자음을 대입하면 자음, 초성과 종성의 상호 조합에 따라 하나의 조형 단위 내에서도 많은 조정이 필요해진다. 따라서 자모 합성의 단위가 크게 분류될수록 개개의 문자상에는 불합리한 점이 커짐을 지적하였다. 이처럼 한글의 획, 자음과 모음, 자모 합성을 통한 한글 구조의 구체적인 분석은 한글 조형의 기초 연구로 한글 디자인에 중요한 초석으로서의 의미를 지닌다. 아울러 그가 분석한 조형 요소에 대한 응용 제안은 크게 게슈탈트의 동질화 법칙으로 요약할 수 있다.

게슈탈트Gestalt의 동질화 법칙과 한글

김진평은 로고타입의 제작을 위한 기초로서 한글 조형 요소를
인지 심리학적 입장에서 게슈탈트 법칙 중 동질화의 법칙에 따라
분석하였다. 게슈탈트 학파의 주장에 따른 규칙적이고 간결하고
상징적인 구테 게슈탈트Gute Gestalt 원리에 접근할 수 있는 동질의
요인similarity 관점 아래 한글의 가독성과의 관계를 해석하였다.
동질화의 법칙에 따르면 유사한 크기의 자음, 즉 크기가
동질화된 자음에 의한 자모 합성은 가독성이 높으며 한글은
동질화의 경향 아래 유사한 크기의 자음으로 구성된 명조체가
가장 가독성이 높음을 밝혔다.

Gute Gestalt : 좋은
균형과 조화를 이룬 형태
또는 구성

당시 한글 로고타입의 경향을 분석해 초성과 종성 또는 초성과
초성의 크기 비례가 심한 차이를 보여 동질화의 법칙에 역행하는
자형임을 파악하였고, 이를 글자의 조형 면에서 중요한 문제로
다루었다. 이러한 연구와 분석을 통해 한글이 로고타입으로 구테
게슈탈트에 접근하려면 한글의 조형 요소를 근거로 동질의 요인이
응용되어야 함을 제안하였다. 즉 대표적 필요조건인 개성(독자성),
이미지, 아름다움, 가독성 등을 고려한 로고타입 제작을 위해서는
우선 한글의 조형 조건을 바탕으로 글자 비례에 대한 검토가
이루어져야 하고, 그가 분석한 3가지 기초 조형 요소인 획, 자음과
모음, 자모 합성이 응용되어야 함을 제안한 것이다.
아울러 이 응용에서 중요한 것은 디자이너의 경험과 판단력에
기반을 둔 표현 능력임을 강조하였다. 이를 요약하면, 한글 조형 요소 +
동질의 요소 응용 + 디자이너의 표현 능력 = 최선의 한글 로고타입 시각 표현이다.
이는 한글 디자인에 하나의 방향을 제시하는 것으로, 김진평의

연구는 몇 가지 측면에서 중요하게 평가될 수 있다.

1 한글의 기초 조형 요소 분석을 통해 실제 응용될 수 있는 시각적 방법 제공

2 한글의 조형 요소와 가독성의 관계 규명

3 한글의 기초 연구로서 한글 조형 연구와 디자인 방향에 새로운 방법론 제시

이러한 연구는 우선 당시 한글에 대한 이론적 자료나 연구가
없는 상황에서 한글 디자인의 발전적 전개에 이바지하였음은
물론이거니와, 시각 디자인에서 한글 조형의 중요성을 강조함으로써
한글에 대한 새로운 시각을 갖게 하는 의식 개혁에 공헌하였다.
또한 김진평은 그의 연구 이론을 실제 작업에 바탕으로 활용함으로써
그 연구가 한글 디자인에 얼마나 중요하게 활용되는 기초 연구인가를
몸소 증명하였다. 그의 한글 조형 요소 분석에 따른 실제 응용의
예들은 다양한 그의 작품에서 관찰할 수 있다.

4

—

김진평의
한글 실험

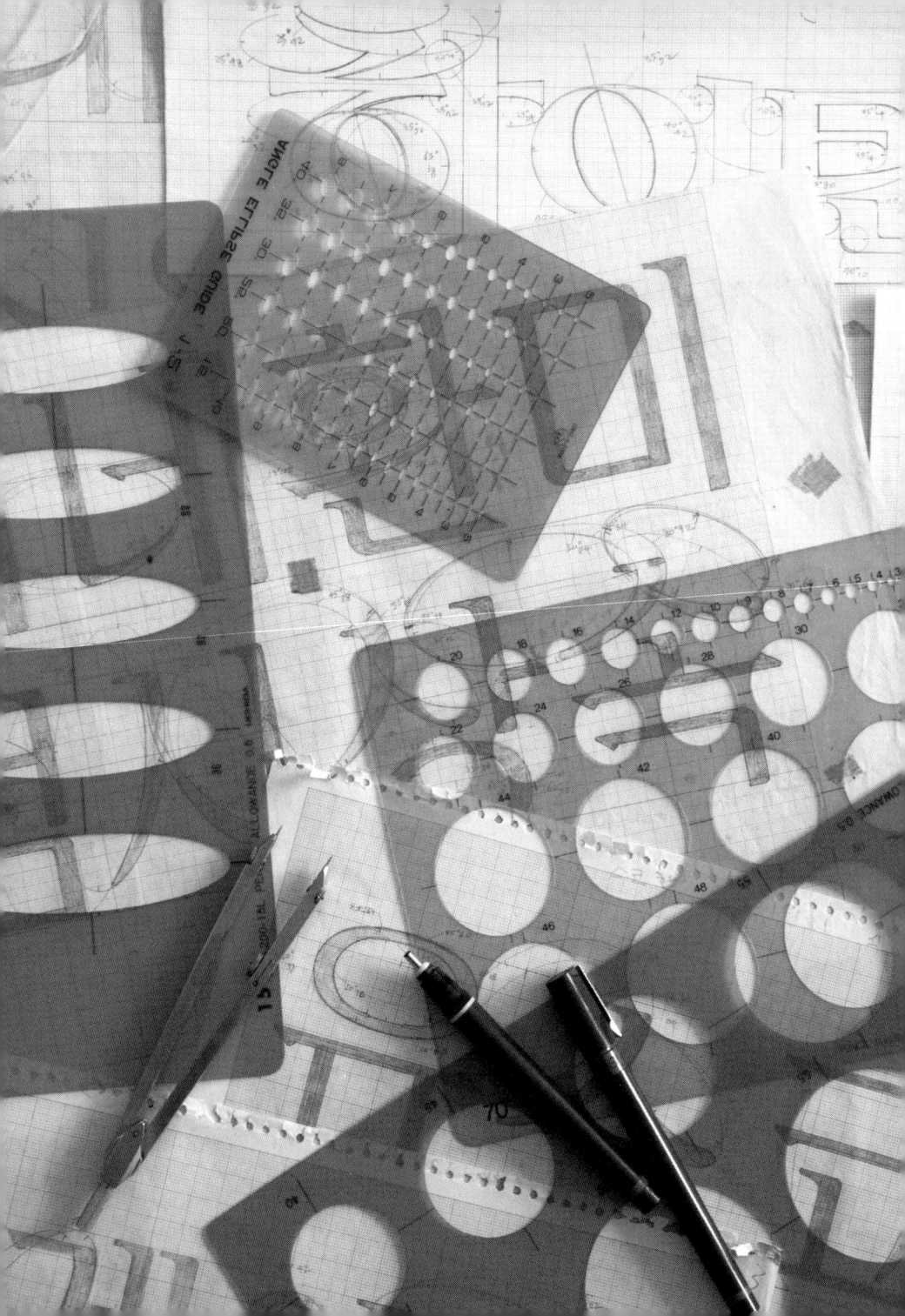

1 로고타입 디자인 전개

19세기 초 프랑스, 미국, 영국 등 선진국들은 상표가 중요한 가치를
지닌 자산임을 인식하기 시작했고, 이후 상표와 로고가 널리
사용되었다. 우리나라에서는 1970년대 이후 활발하게 전개되었다.
강한 개성과 이미지를 표현하는 로고타입은 용도의 특성과 함께
복잡 다변하고 대량화된 사회에서 의도하는 메시지, 즉 주체의 의미
전달을 효과적으로 수행하는 중요한 역할을 한다. 국내 아이덴티티
디자인의 효시는 1970년대 동양맥주의 OB맥주이다. 이어 쌍용그룹
등 국내 대기업들이 CI를 도입하면서 로고타입 디자인이 확장되기
시작하였다.
디자인적 의미와 함께 법적 등록이 가능하며 독특한 방법으로 쓰이는
로고타입은 기업 커뮤니케이션의 출발점으로 중요하게 인식되었고,
로고타입의 질적 수준이 그 기업의 모든 영업 행위에 영향을 미치는
것으로 이해되기 시작하였다.

로고타입에 대한 인식의 변화로 국내 기업의 CI 도입이 늘어났지만, 동시에 기업의 제품이나 기업 이미지를 표현하는 한글 로고타입의 서체가 빈약하고 조형적 표현이 다양하지 않다는 문제점이 그대로 표출되었다. 말하자면 글자의 산업화 시기에 우리가 이루어 내지 못한 한글 활자체에 대한 연구나 기술의 미흡함이 곧바로 원도활자시대의 활자체 빈곤과 조형적 문제를 가져왔고, 이는 한글 로고타입의 문제점으로 이어졌다.

이러한 문제점 속에서 국내 대기업들은 시대적 이해에 따른 현대성과 독창성, 혁신성, 진보성, 품질의 신뢰성 등을 암시하는 로고타입을 요구하게 되었다. 한글의 조형성을 바탕으로 가독성과 심미성을 갖춘 개성 있는 이미지의 로고타입 제작이 중요하게 대두한 것이다. 따라서 시대가 요구하는 조형성을 갖춘 한글 로고타입의 조건을 어떻게 만족할 것인지가 당시 디자이너들이 해결해야 할 과제로 떠올랐다.

1974년에 발표한 김진평의 석사 논문 「한글 Logotype의 기초적 조형 요소에 관한 연구」는 당시 기업들의 의식 있는 한글 로고타입 요구와 시대적으로 맥락을 같이한다. 그의 연구에서 지적된 당시 한글 활자체의 빈곤 현상과 함께 표현 범위가 매우 좁은 한글의 조형적 문제점은 다음과 같다.[10]

10 김진평, 「한글 Logotype의 기초적 조형 요소에 관한 연구」, 서울대학교, 1974, 1쪽

기업의 제품이나 기업 자체의 Image가 문자상에 표현되는 Logotype은 이러한 Corporate Communication의 한 요소로써 시대적 추세에 따른 양적 증대를 보이고 있는데, 국내 기업에 있어서는 활동 지역이나 제품의 구매시장을 고려하여 한글을 비롯, 한자나 영자로 디자인되어, 전부 또는 각각 사용되고 있다. 한글 Logotype에 있어서, 한자나 영자에 비해 조형의 기반이 되는 서체의

종류가 극히 빈약하여, 필요조건에 따라 분석적으로 제작되어 오고 있다. 더욱
이 한글의 구조는 몇 가지 조형 요소가 상하좌우로 모여서 이루어지는 것이므
로 단일구성 문자보다 한층 조형적 문제점이 많으며 그것은 한글 Logotype의
제작에 많은 어려움을 주고 있다.

이러한 문제점은 1970-1980년대 한글 로고타입의 경향으로, 네모틀
활자인 사진식자에서 두드러지는 문제점과 일맥상통한다. 말하자면
우리의 기술이 아닌 일본에 의해 개발된 사진식자체의 특성에서
야기된 것으로, 이에 대한 시급한 해결책이 요구되었다. 오숙의
연구에서 지적된 당시 한글 브랜드 로고타입의 경향이자 문제점을
요약하면 다음과 같다.[11]

11 오숙, 「한글 브랜드
로고타입의 이미지
특성에 관한 연구」,
숙명여자대학교, 1985,
79쪽

1 고딕체나 명조체의 식자체에 편중 제작되고 있다.
2 제품이 주는 이미지와 로고타입 간에 상호 일치하는 이미지 형성이 약하다.
3 제품의 특성과 소구 대상을 고려하지 않은 로고타입으로 제작되고 있다.
4 독자적인 개성을 추구한 나머지 가독성 및 기능성을 상실하고 있다.
5 기본 서체를 변형한 로고타입이 조형적으로 아름답지 못하다.
6 대부분의 브랜드 로고타입이 외래어를 사용하고 있다.

한글 활자체가 열악했던 원도활자시대의 배경 속에서 영문 활자체에
대한 과도한 사대 의식과 한글 콤플렉스, 한글 타이포그래피의 빈곤
현상은 한편으로 의식 있는 디자이너들로 하여금 한글의 조형 감각
개발의 필요성을 절실히 깨닫게 하였다. 김진평은 당시 그러한 의식
있는 디자이너 가운데 한 사람으로 꼽힌다.

앞에서도 언급한 것처럼 1970년대는 한글에 대한 문제점이 서서히 드러나기 시작하면서 동시에 본격적으로 한글꼴에 관심을 두기 시작한 시기이다. 국내 처음으로 1969년에 김영기가 연구를 시도했으며 이어서 1974년에 김진평의 석사 논문 연구가 나왔다. 사실 김진평은 대학에서 시각 디자인을 전공하던 시절부터 이미 실제 활자꼴에 관심을 두기 시작하였다. 황부용, 윤학중 등 '그래픽 트리오' 동인으로 활동하면서 얻은 활자꼴에 대한 관심과 영향이 대학원 논문으로 이어지는 계기가 되었다고 한다.

그는 대학원 졸업 후 1976년 현 오리콤의 전신인 합동통신사 광고기획실에 입사하여 실무에서 활동하기 시작한다. 그곳에서 대한항공의 국내외 광고와 동양고속의 CIP, 기타 광고들을 주요 업무로 담당하였다. 대한항공의 광고 작업을 통해 김진평은 활자꼴에 대한 체계적인 연구가 이루어지지 못한 원도활자시대의 국내 사진식자의 문제점을 접하는 직접적인 계기를 맞이한다.

그가 기고한 글[12]을 통해 당시 한글 타이포그래피 재료의 어려웠던 상황을 이해할 수 있다.

12 김진평, 「새로운 활자꼴의 창조자」, 월간 시각디자인, 1987. 4, 28쪽

대한항공의 해외 광고는 당시 홍콩 O&M(오길비 & 매더) 회사에서 대행하고 있었다. 따라서 그들이 설정한 형식대로 국내 제작이 이루어졌다. 서체는 제목의 경우 '수베니어 엑스트라 볼드souvenir extra bold'였으며, 본문의 경우 '수베니어 북 souvenir book'이었다. 이때 지정된 서체를 찾는 과정에서 어려움이 많았다. 더 곤란했던 것은 같은 내용의 국내 광고에 있어 제목과 본문 글자의 처리가 기존 식자로서는 빈약하게 느껴진다는 것이었다.

김진평은 기존 한글 타이포그래피 재료의 부족함을 해결하고자
레터링 작업을 시도하였고, 이를 계기로 타이포그래피의 첫째
영역이자 재료의 영역인 활자꼴을 중심으로 한 전문 작업을
시작한다.

1978년 그는 합동통신사의 새로운 한국어판 〈리더스 다이제스트〉
부서에서 편집 디자인과 제작 책임자로 일하게 되었고, 그해 11월에
한국판 〈리더스 다이제스트〉 창간호가 출간되었다. 당시 국내의
인쇄 환경은 활자, 인쇄, 제판, 잉크, 용지, 제책 등 모든 과정이
기술적으로 열악한 상황이었다. 그는 일본 리더스 다이제스트사에서
2주간 연수를 받았는데 이때 인쇄 제작에 관한 지식을 상세히 터득할
좋은 기회를 가졌다고 한 기고문에서 회고하였다.

디자인 관점에서 열악했던 우리의 활자 환경과 인쇄 환경 속에서
김진평은 실무를 접하며 거듭 한글 타이포그래피의 중요성을
인식하게 되었다. 이와 함께 중요한 시각전달 요소로 새로운 표현의
구체적인 실례를 통해 한글 디자인의 새로운 이해를 유도하고자
하였다. 우선 김진평이 책임을 진 초기의 〈리더스 다이제스트〉는
타이포그래피 특징 중 하나인 성격이 다른 레터링의 대비에 주안점을
두어 특별한 성격의 화보나 특집 기사 등의 제목을 그 분위기와
레이아웃에 맞는 레터링으로 표현하는 데 주력하였다.**(그림 4-1** 참조)
〈리더스 다이제스트〉는 특히 독특한 가표지tip-on-band가 표지 위에
붙어 있는데, 가표지에 개성 강한 레터링을 사용하여 가판
진열 시 광고 효과를 높였다고 한다. 김진평은 당시 기존 식자의
한글 타이포그래피에 나타난 부적절한 글자사이 문제를
앞의 잡지 기고에서 다음과 같이 지적하였다.[13]

13 김진평, 「새로운
활자꼴의 창조자」, 월간
시각디자인, 1987. 4,
28쪽

4-1 초창기 〈리더스 다이제스트〉 표지들

그 레터링의 착수에 있어서 스페이싱이 문제였다. 글자가 아주 굵고 꽉 찰 만큼
마이너스 감각이 요구되었던 것이었다. 그래서 각각의 글자를 필름 상태로 해
서 문장에 따라 그때 그때 아스테이지 위에 사진식자기를 수동으로 움직이듯
마이너스 스페이싱으로 붙여서 촬영하였다. 마치 사진식자기를 수동으로 움직
이는 기분이었다.

자신이 악필가여서 예쁜 글씨에 대한 관심과 막연한 호기심이
활자꼴에 대한 집착으로 이어졌다는 내면의 동기와 빈약했던
한글 타이포그래피의 시대적 상황이 접목하여 김진평은 한글의
이론적 연구 아래 새로운 표현의 실제 예들을 시도하게 되었다.
이는 다양한 이미지의 폭넓은 타이포그래피의 가능성을 이끄는
계기를 마련하였다. 그리고 한글의 시대적 과제 앞에 타이포그래피
재료의 부족을 메워 가려는 한글꼴에 대한 창조와 연구의 노력은
그로 하여금 시대를 앞서 가는 선구자로 한글 타이포그래피에 새로운
가능성을 열게 하였다.

김진평이 실무에서 일하기 시작한 1976년부터 1998년 그가 작고하기
전까지 열정을 쏟아 제작한 로고타입 디자인들은 언어적 전달 기능의
로고타입과 시각적 전달 기능의 심벌마크를 동시에 내포한 유형들로
주로 이름만을 사용한 로고, 이름과 심벌을 함께 사용한 로고에
해당한다. 김진평의 로고타입 디자인 유형을 용도별로 분류하면
다음과 같다.

회사명, 기업체명, 단체명 로고타입

코래드, 라이커, 동양고속, 한국존슨'즈, 서울여자대학교, 유네스코,
카리타스, 켄터키 후라이드 치킨, 사랑의 교회, 카나리아 등

상품명, 제품 브랜드 로고타입

뱅가드, 카멜텍스, 메두사, 아르누보, 마주앙, 샤이닝 룩, 카멜리아,
클로즈업, 버킹검, 네스카페, 커피메이트, 커피믹스, 테이스터스
초이스, 클래식, 셀렉타, 골드 블렌드, 낙타담담, 베가본드 등

제호(타이틀) 로고타입

리더스 다이제스트, 디자인, 주니어, 마드모아젤, 일요뉴스,
일요신문, 하이틴, 행복이 가득한 집, 월간 공예, 우먼센스, 워킹우먼,
꾸리에, 저요,저요!, 풀과 별, 텔리비전 등

헤드라인(캠페인) 로고타입

디스코, 설인은 살아있다, 히말라야의 비명, 몸짓, 45분간의 죽음,
"코란이냐, 칼이냐?", 내 마음의 소년, 아빠의 마지막 크리스마스,
해변으로 가요, 사나이, 사랑과 죽음의 강, 렘브란트 명화 도난사건,
마음은 태양 피부는 썬쿨, 산호색 봄이 속삭여요, 가을 하늘 맑은
피부, 피부로 느낄 수 있읍니다, 고운 눈 밝은 얼굴, 싱싱한 피부,
피부에 스미는 자연의 숨결, 오손도손 따져봅시다, 당신의 우리말
실력은?, 기도의 6가지 힘, 세계 예술의 보물, 목소리만 돌아온
비행사들, 20세기의 게르만민족 대이동, 블랙홀, 아스피린의 미처
몰랐던 약효, 달 정복 10주년, 새로운 부엌 시스템키친 등

로고타입으로서 타이포그래피 포스터

시사영어사를 위한 포스터, 레터링을 이용한 포스터, 삼보 트라이젬 레이저 빔 프린터 포스터, 〈춘향전 판소리〉, 〈타락〉, 〈심청전 마당극〉 포스터 등

2 로고타입 분석

한글 로고타입에서 최상의 표현을 보여 준 김진평의 로고 작업은
한국 디자이너들이 극복해야 할 다양성의 시대가 요구하는 하나의
모범 답안으로 시대를 초월하여 극찬받았다. 우선 그의 작품에서
핵심적인 2가지 특징은 앞서 타이포그래피관에서 살펴본 바와
같이 그의 타이포그래피에서 두 축을 이루는 관점, 즉 정체성과
창의성에서 기인한 것이다.
그가 타계하고 나서 디자인 잡지 〈정·글〉에 실린 그의 작품에 대한
전문가들의 평가[14]를 보면 그의 2가지 타이포그래피 관점의 특징이
잘 반영된 것으로 이해할 수 있다.

14 윤디자인연구소,
〈정·글〉, 제9호, 1998,
7쪽

"전통적인 네모틀 글자에 현대감각을 가미했던 그만의 글자 디자인 세계가 구
축된 것" 안상수, "글자 구성에 있어 매우 짜임새가 있는, 서정적인 손맛이 자
연스럽게 배어 나오는 로고타입" 윤영기, "상당히 심도 있는 레터링을 바탕으
로 한, 보석처럼 아름다운 글자" 석금호, "모나지 않고 손맛을 놓치지 않는, 보
면 볼수록 정감이 가는 로고타입" 한재준

이 책에서는 김진평의 작품에서 중점적으로 두드러지는 정체성과
창의성 측면에 주안점을 두어 그의 작품을 개략적으로 분석하고,
그에 따라 구체적 특징들을 살펴보고자 한다.

한글 조형성 + 새로운 방법론

한글의 기본 요소인 조형성은 김진평의 모든 작업에서 가장 중요한
요소로서 아무리 강조해도 지나치지 않을 만큼 철저한 기본을
이룬다. 즉 그의 로고타입에서 이미지는 글자의 기존 의미를
파괴하지 않는 영역 내에서 다양하게 변형된 형태의 응용과 함께
조형적인 아름다움을 갖추고 있음을 볼 수 있다. 이는 한국의 문화적
정체성을 본질로 삼는 것을 의미하며, 한글의 문화를 가꾸어 나갈
최선의 바탕을 제공한 것이다.

그의 작품 대부분은 각각의 기업이나 브랜드 로고타입의 구체적인
본질을 이끌어 내어 이미지를 표출하기 위한 것으로 한글의 조형성이
최대한 활용되었고 효과적인 시각전달을 위한 이미지를 형성하는
특징을 이룬다.

우선 김진평이 제안한 한글 로고타입에서 기본적으로 설정 응용된
한글의 3가지 기본 조형 요소인 첫째, 자모 합성의 응용, 둘째,
자음의 응용(모음의 응용은 획의 응용과 중복되는 성격이므로 획의 응용에서 다룬다.),
셋째, 획의 응용을 통한 활용 요소별 특성을 살펴보고자 한다.
이와 함께 한글의 새로운 표현 방법론과 원리들(유사 요소, 기준선,
글자틀, 자배열 등)을 통해 기존 활자체의 시각적 표현의 한계를
뛰어넘어 시대를 앞서가는 감각의 새로운 개성과 이미지를 어떻게
창출했는지를 살펴본다.

자모 합성의 응용

유사 요소

언어로서의 로고타입은 기본적인 여러 조건 중에서 시각적 이미지의
전달자로서 조형적인 미가 요구되며 이는 조형적 측면을 위주로
인지 심리학적 입장에서 분석할 수 있다.

게슈탈트 이론은 인간의 시각적 인식이 어떻게 작용하는가에 대한
구체적인 근거를 제시하는 것으로 유사성의 법칙the law of similarity,
근접성의 법칙the law of proximity, 연속성의 법칙the law of continuance, 공동
운명의 법칙the law of common fate으로 이루어진다. 즉, 형태, 규모, 색채,
질감 등에서 유사한 시각 요소끼리, 근접한 것끼리, 유사한 배열이
하나의 묶음이 되고 좋은 모양을 이루는 것끼리 한데 모임으로써
보기 좋은 조형을 이룬다는 사실에 근거를 둔다. 특히 게슈탈트 법칙
중에서 유사성의 법칙은 형태, 규모 등에서 유사한 형태인 시각
요소들을 지각할 때 쉽게 서로 그루핑되는 경향이 있다는 법칙이다.
김진평의 로고타입에서는 그의 연구 분석을 통해 제시한 바와 같이
자소들이 유사 요소의 활용과 함께 한글의 조형적 완성도를 완벽하게
표현한다.

그의 연구를 통해 제안된 한글의 유사한 자모 합성형에 의한 비례는
구테 게슈탈트 원리에 근접하는 유리한 조형 조건으로 더욱 넓은
시각 표현의 범위를 갖는다는 것이다. 따라서 그의 작품에서 사용한
거의 모든 한글의 형태들은 초성, 중성, 종성의 크기 비례에 시각
표현을 위한 동질의 요인이 응용된다. 이는 그가 한글 조형 요소의
분석 결과 제시한 구테 게슈탈트와 가독성을 높이는 효과를 하나의

원리로 적용, 활용한 것임을 의미한다.

유사 요소 활용의 원리는 동질의 요인에 의한 자모 합성의 비례를 통한 표현이다. 개성 있고 창의적이며 완성도 높은 한글의 조형성을 표현하는 것으로, 균형감과 조화의 미적 요소와 가독성이 함께 추구된 수준 높은 한글 로고타입의 시각 표현으로 표출된다. 이는 김진평의 모든 작업에 기본적으로 활용된 요소들이다.

여기서 몇 가지 예로 일요신문 [4-4], 테이스터스 초이스 [4-5], 워킹우먼 [4-6], 한국존슨'즈 [4-7], 낙타담담 [4-8] 등을 살펴보자.

일요신문은 동질의 유사 요소로 붓의 흘림체 특징을 현대적 감각으로 잘 소화한 작품으로 개성 있는 붓글씨의 우아한 품위를 느낄 수 있다. 아울러 작품 워킹우먼은 이응을 통한 연결 표현을 매우 세련되게 특징화 및 동질화하여 유사 요소로 잘 활용함을 보여 준다. 또한 테이스터스 초이스도 가로·세로모임 민글자의 특성이 활용되어 같은 자음 요소들의 반복적 사용이 두드러지는 응집의 특징을 나타낸다. 작품 한국존슨'즈는 초성과 종성 자음이 유사하게 일치된 부드러운 느낌의 형태와 비례 구성으로 심미성과 가독성이 잘 어우러진 작품이다. 낙타담담에서는 가로모임 조합의 특성 위에 유사 비례의 초성과 종성을 통해 완전한 조형성과 통일성으로 개성 있는 이미지를 보여 준다.

이처럼 그의 모든 작품에는 동질의 유사 요소가 완벽하게 활용된다. 시각 삭제와 공간 분배를 통한 글자 조형성의 완성도를 흐트러짐 없이 충실하게 표현하고, 또한 가독성 높은 훌륭한 한글 로고타입의 시각 표현을 유감없이 구현함을 확인할 수 있다.

글자틀 : 네모틀과 탈네모틀, 비례, 기울기

김진평은 글자꼴 표현 영역의 확대를 위해 네모틀과 탈네모틀의
2가지 큰 방향의 장단점을 보완하고 활용하여 모범적인 글자 표현의
예를 보여 주었다. 한글의 보수적이고 전형적인 네모틀에서 벗어나
장체나 평체의 느낌으로 글자틀을 변형하고, 탈네모틀 글자의 조형적
특성을 효율적으로 활용하여 글자 형태에 새로운 개성을 입혀 시각적
효과를 높였다. 그는 글자 표현에서 비례의 변화나 기울기의 변형을
통한 움직임, 흐름을 통해 시각 표현에 활동성을 부여하여 한글의
새로운 표현을 보여 주었다.

그의 로고타입 중 사랑의 교회 **4-9**, 마드모아젤 **4-10**, 주니어 **4-11** 등은
탈네모틀 형태의 원리를 통해 잘 표현된 작품들이다. 특히 작품
마드모아젤에서는 자음과 모음의 형태 변화는 물론 기울기까지
활용하여 글자에 새로운 개성을 부여한다. 여기서 주목할 점은
탈네모틀 글자는 일반적으로 기능적인 면에서 조합이 쉽다는 장점이
있는 반면 조형적인 면에서는 조형성을 완전하게 갖추지 못하는
단점이 있었는데, 김진평이 제작한 탈네모틀꼴 작품은 조형적 측면의
미비점을 보완한 좋은 모범을 보여 준다는 것이다. 이렇게 탈네모틀
작업에서 자음과 모음의 형태 변화로 한글의 조형성을 최대한으로
살려 새로운 분위기와 스타일을 구현하였다. 이는 탈네모틀의 단점을
극복하는 새로운 발전 가능성을 보여 준 좋은 실험의 예라 할 수
있다. 아울러 글자 너비와 기울기 등의 변화를 통한 로고 디자인은
당시에 요구된 새로운 한글 표현의 다양한 예를 제시하였다. 기도의
6가지 힘 4-12, 피부에 스미는 자연의 숨결 **4-13** 등에서 그 예를 엿볼 수 있다.

기준선 : 닿선, 무게중심선

한글은 자음과 모음이 모여 온전한 낱글자로 이루어진다. 여기서
낱개의 자모음이 모이는 일정한 기준선의 위치를 변화시킴으로써
한글 나름대로 독특한 개성을 표현할 수 있다. 같은 글자라도
무게 중심이 달라지면 전혀 다른 개성이 부여되는데, 무게 중심이
상단, 중앙, 하단에 놓임에 따라 성격이 완전히 달라진다.
기존 네모틀 활자 또는 사진식자체는 무게 중심선의 기준을 중앙에만
두었다. 김진평은 이러한 기준선에 대한 고정된 틀을 뛰어넘어
기준선을 다양하게 변화시키는 새로운 시도로 개성 있는 한글
이미지를 유도하였다.

디자인 **4-14**, 유네스코 **4-15**, 꾸리에 **4-16**, 네스카페 **4-17**, 서울여자대학교 **4-18**
등에서는 닿선의 위치를 변화시키고 동질화의 활용에 따라 자음의
크기를 변형함으로써 기존 활자와는 다른 질서 있는 글자 표현을
보여 준다.

특히 **푸른 하늘 은하수…** **4-19**는 글자 무게의 가로 중심선을 윗선 혹은
밑선으로 옮김으로써 글자가 모인 낱말이나 글줄에서 새로이 통일된
질서감과 변화를 강조한다.

기준선의 변화에 따른 자배열과 자모음 위치의 움직임은 글자에
활동성을 부여하는데, 그의 작품에서 이러한 창의적인 원리와 표현
방법의 적용 예는 오늘날 디지털 활자체에서 현대적 감각으로 새로이
주목받아 다양하게 활용되고 있다. 제시된 로고타입과 **서울모테트
합창단** **4-20**, 한국인더스트리얼 디자이너협회 **4-21**, 명사의 이모저모 **4-22** 등은
기준선의 변화 표현에 해당되는 좋은 예이다.

자배열

로고타입은 글자 배열이 정해 있기 때문에 자배열상의 자유로운
응용이 가능하다. 이러한 자배열의 활용은 강한 시각 효과를
유발한다. 김진평은 자배열의 특성을 최대한 활용하여 로고타입의
이미지에 잘 적용하였다. 이러한 자배열에서 형성된 시각 효과는
오늘날 본문용 디지털 활자체에서 컴퓨터의 기술적인 처리와 함께
하나의 활자체 형태로 활용된다.

가을 하늘 맑은 피부 4-23는평범한 나열식의 틀에서 벗어난 자배열로
상하 배열의 리듬감 있는 움직임을 통하여 활동적으로 시선을
유도한다. 아울러 가을을 상징하는 잠자리의 형상과 함께 가을
하늘의 맑음을 뛰어오르는 듯 경쾌하게 표현한 재미있는 예이다.

자음의 응용

한글은 곡선 표현이 가능한 자음 요소(ㄱ, ㅇ, ㅅ, ㅈ, ㅊ, ㅎ 등)들을 어떻게 구성하느냐에 따라 글자의 개성과 표정을 유도한다. 기존 한글 사진식자에서 표현된 자음을 살펴보면 한결같이 모두 같은 형태로 이루어져 독창성과 개성이 모자랐다. 김진평은 로고타입 작업에서 기존 자음 형태의 고정 틀을 과감하게 탈피하였다. 즉 새롭고 다양한 변형을 통한 이미지로 과감하면서도 독창적인 자음 형태의 시각 표현을 보여 준다. 특히 자음 이응과 히읗의 원 모양에서는 한글의 전통적인 필기도구였던 붓의 특징에서 본뜬 형태에서 벗어나 가로와 세로 획의 굵기 차이를 통한 현대적 감각의 새로운 표현 방법이 활용된다. 이러한 표현은 오늘날 다양한 활자체에서 흔히 볼 수 있는 표현으로 정착했지만 당시만 해도 새롭고 과감한 시도였다. 자음의 새로운 형태 변화로 한글 자소의 또 다른 표현 방법과 그 가능성을 제시한 것이었다.

우먼센스 4-24는 자음의 형태 ㅇ, ㅁ, ㅅ과 모음 ㅜ, ㅓ, ㅐ 등의 줄기 형태 변형을 통해 새로운 개성을 부여한다. 또한 글자 안에서 형성된 기울기가 움직임과 활동성을 두드러지게 표현해 준다. 마주앙 4-25은 자음의 형태 ㅁ, ㅈ, ㅇ의 가로세로 획의 굵기 대비를 바탕으로 형태 변형과 모음 ㅏ의 곁줄기 변형을 통해 새로운 개성과 이미지를 부여한다. 제시된 카멜리아 4-26, 커피믹스 4-27, 커피메이트 4-28, 텔리비전 4-29, 골드 블렌드 4-30, 하이틴 4-31, 풀과 별 4-32 등의 로고타입 예에서 김진평이 시도한 새로운 자음 형태를 다양하게 볼 수 있다.

획의 응용

넓은 의미에서 획은 글자 조형의 최소 단위로 디자인 의도에 따라
다양한 새로운 성격을 부여하는 중요한 역할을 한다.
한글에서 모음의 형태는 그 글자의 성격을 결정하는 것으로,
획에서 다루어진다. 기초 조형 요소 중 획의 응용을 통해 글자의
새롭고 통일된 이미지와 두드러진 개성을 표현한 김진평의
작업들을 살펴보자.

줄기 : 돌기, 굵기, 꺾임, 질감, 손글씨

김진평은 저서 『한글의 글자 표현』에서 '글자의 개성을 표현하는
데에 제일 먼저 생각할 수 있는 방법은 글자를 이루고 있는 줄기의
성격을 변화시키는 것이다'[15]라고 언급하였다. 또한 글자를 이루는
가장 기본적인 것은 줄기이며 이 줄기의 성격에 따라 닿자나 홀자의
모양이 달라지고, 그럼으로써 글자의 성격이 전혀 달리 표현된다고
하였다. 이렇듯 줄기의 변형은 다른 변형의 활용과 함께 새로운
개성을 표현한다.
줄기의 변형 방법으로는 **1 돌기를 변형시키는 방법 2 가로세로 줄기의 굵기를
변화시키는 방법 3 줄기에 특정한 질감을 표현하는 방법 4 손글씨의 흐름을 줄기에
응용하는 방법** 등이 있다고 설명했듯이 그의 로고타입 작품에서는 특히
기존 한글에서 볼 수 없는 다양한 줄기의 변형으로 글자에 개성을
부여하고 글자의 성격을 변화시킨다.
한글은 다양한 줄기의 표현이 영문 활자체보다 부족했던 만큼
세로줄기와 돌기의 맺음, 가로줄기와 돌기의 응용에 따른 글자
표현은 새로운 개성과 이미지를 표현할 가능성을 보여 준다.

15 김진평, 『한글의 글자
표현』, 미진사, 1983,
162쪽

세로줄기와 기둥의
첫돌기

맺음

가로줄기와 보의 첫돌기

맺음돌기

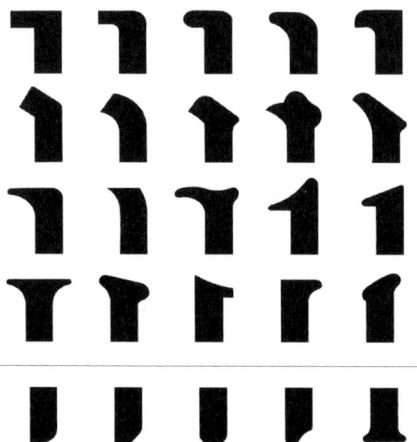

4-2 돌기와 맺음의 여러 가지 표현

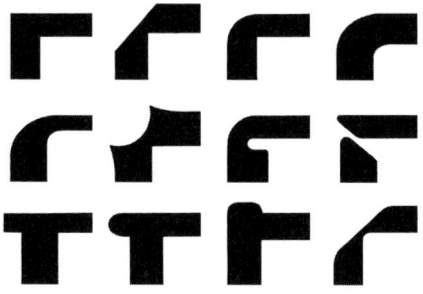

4-3 꺾임의 여러 가지 표현

김진평은 당시의 한글 로고타입 표현에서 이러한 표현의 부족
현상을 인지하고 다양한 획의 응용 방법을 통해 개성 있는 작품들을
시각적으로 완벽하게 표현하여 선보였다.

행복이 가득한 집 4-33, 버킹검 4-34, 코래드 4-35, 일요뉴스 4-36, 동양고속 4-37,
월간 공예 4-38, 독재자 무쏠리니의 최후 4-39, 싱싱한 피부 4-40, 챔피언 플럭 4-41,
45분간의 죽음 4-42, 오손도손 따져봅시다 4-43, 안권 회계법인 4-44, 생명의 외딴
실험실 4-45, 인천상륙의 영웅 4-46, 베네치아: 환상의 섬도시 4-47 등 기타 제시된
작업들은 세로줄기의 돌기와 맺음, 가로줄기의 돌기 변형 등의 다른
방법을 통하여 새롭고 개성 있는 표현을 보여 준다.

샤이닝 룩 4-48, 클로즈업 4-49, 설인은 살아있다 4-50, 이름없는 죄수 4-51, 에너지
파동 4-52, 아스피린의 미처 몰랐던 약효 4-53 등은 로고타입마다 줄기에
의미와 어울리는 질감으로 강하고 효과적인 개성을 표현하였다.
이 질감의 표현에서 간과할 수 없는 부분은 최대한 한글의 조형성을
바탕으로 창의적인 표현을 시도한 점이라 하겠다.

손글씨의 응용

김진평은 손글씨를 바탕으로 많은 표현의 가능성을 보여 주었다.
손글씨의 응용은 규칙성이 있는 글자 표현에 손글씨의 흐름을
응용하는 것으로 고운 눈 밝은 얼굴 4-54, 피부는 썬쿨 마음은 태양 4-55, 부로아
리듬 맛사지 4-56, 지금은 밍콜의 계절 4-57, 산호색 봄이 속삭여요 4-58, 피부로 느낄
수 있습니다 4-59, 몸짓 4-60, 히말라야의 비경 "꽃의 계곡" 4-61, 갈채 4-62, 렘브란트
명화 도난사건 4-63, 20세기의 게르만민족 대이동 4-64, 켄터키 후라이드 치킨 4-65
등은 손글씨를 바탕으로 한 스크립트 기법의 작품 표현으로 그만의
글자 표현 능력을 보여 준다. 이는 손글씨 흐름의 응용을 통해 줄기

혹은 닿자 모양의 규칙적인 형태에서 부드럽고 단순화된 유기적인
형태로 변화하면서 새로운 개성을 유도할 수 있음을 시사한 것이다.
이러한 손글씨의 표현은 오늘날 활발하고 다양하게 개발되는 디지털
활자체 스타일의 선구적인 표현 방법으로 주목받는다.

테두리와 그림자 및 기타 요소

글자의 내부·외곽 테두리와 그림자 등은 글자에서 장식 요소로
활용된다. 김진평은 당시 한글 표현에서 거의 볼 수 없었던 장식적인
표현 방법을 최대한 활용하여 더 폭넓은 한글 표현의 가능성을
보여 주었다.

디자인 4-66, 클래식 4-67, 셀렉타 4-68, 이사도라 4-69, 카나리아 4-70, 내 마음의 소년
4-71, 아빠의 마지막 크리스마스 4-72, 사랑과 죽음의 강 4-73, 달 정복 10주년 4-74,
경제대공황이 터진 날 4-75, 아르누보 4-76, 피부가 여름을 느낄 때 썬쿨 4-77,
블랙홀 4-78, 목소리만 돌아온 비행사들 4-79 등은 글자 외곽 테두리와
글자 내부의 선 그리고 선을 이용한 그림자 표현, 기타 장식 요소
등으로 한글에 깊이와 입체감을 주어 한글이 가지는 새로운 개성을
선보인다.

단순함 + 의미의 표현

김진평의 로고타입 디자인의 특징 중 하나는 단순함이다. 단순함과 함께 직선적이면서 부드러운 힘, 뾰족함과 두꺼움이 각각 조화를 이룬다. 이들은 장식이 배제되고 현대적인 이미지의 로고타입으로서 각각의 표정을 갖는다.

그가 다양하게 제작한 헤드라인 로고타입 디자인에서는 기사 내용의 표정으로서 의미의 명확한 구체성과 함께 추상적 표현이 표출된다. 즉 글자의 변형을 통해 그 의미에 어울리는 형상성을 부여하는 것이다.

사나이 4-80, 해변으로 가요 4-81, 저요,저요! 4-82, 디스코 4-83, "코란이냐, 칼이냐?" 4-84, 웃음은 명약 4-85, 풀님 별님 4-86 외에 시사영어사를 위한 포스터4-105 등의 작품에서 그 예를 볼 수 있다.

이미 앞의 다른 예에서 소개한 낙타담담, 설인은 살아있다, 클래식, 카리타스 등 많은 작품에서도 글자를 형태화시킴으로써 의미를 형상화한다. 또한 다음에 소개될 서구 알파벳 활자체의 특성을 활용하여 창의적 표현 영역을 확장한 작품에서도 글자가 가진 의미를 형태로 표현하여 지속적인 인상을 남기며, 본래 이미지에 부가적인 요소를 더하여 의미와 형태의 연관성을 더욱 강조한다.

그의 작품은 한글의 조형적 요소를 바탕으로 글자가 지닌 의미를 구체적으로 전달하면서도 형태에서 보여 주는 추상적인 이미지를 통하여 의미 전달을 강화하는 특징이 있다.

글자의 형태는 독자가 글을 느낄 수 있는 첫인상이고 기사의 표정을 만들어 줄 뿐 아니라 기사 전체를 대변하는 도구이기 때문에 그의 로고타입 접근 방법은 큰 의미가 있다. 이렇게 한글의 조형적 요소를

변화시켜 의미의 명확한 구체성과 함께 형상성을 표현한 김진평의
로고타입 디자인은 그만이 표출할 수 있는 독창적인 특징으로 우리의
시선을 집중시킨다.

영문과 한글의 조화 + 창의적 표현

1970년대 한글, 한자, 영문의 복합 구성과 한글과 알파벳의
병행 시대는 다양한 글자와 한글이 함께 배열될 때 여러 형태를
조화롭게 배열하는 감각을 요구하였다. 1978년 김진평이 제작한
〈리더스 다이제스트〉 한글판 창간호의 제호 **리더스 다이제스트 4-87**는
영문 활자체 줄기 특성의 이미지를 한글에 적용하여 완성된 한글
로고타입이다. 즉 서구 알파벳 활자체의 특징을 활용한 창의적 한글
표현의 등장이었다. 이는 당시 목마른 한글 조형 감각에 새로운
활기를 부여하였고 최상의 현대적 한글 표현의 본보기가 되었다.
당시의 문화적 가치와 다변화된 취향이 잘 반영된 작품이라
할 수 있다.

25년의 세월을 뛰어넘어 지금까지 활용되는 이 작품은 한글 로고타입
중 명작으로 꼽힌다. 이는 영문 활자체의 남용 속에서 한글을 위해
자신만의 무엇을 찾기 위한 연구와 노력으로 완성도 높은 한글
로고타입 디자인에 쏟은 그의 열정적인 자세와 진실성 그리고 우직한
근성에서 비롯한 작품으로, 시대를 뛰어넘어 앞서 가는 생명력 있는
작품으로 오랫동안 인정받는다는 데 큰 의의가 있다.

이렇듯 김진평 로고타입의 또 다른 특징은 영문과 한글의 특성이
절묘하게 균형과 조화를 이루어 통일감을 이룬다는 것이다.
전통적 한글의 특성 위에 현대적 감각의 영문 활자체의 특징이
통일된 이미지로 조화와 균형감을 이루고 개성 있게 표현되어 그만의
독특한 한글 표현 감각으로 산출되었다.

카리타스 **4-88**, 뱅가드 **4-89**, 카멜텍스 **4-90**, 메두사 **4-91**, 라이커 **4-92**, 베가본드 **4-93**,
까멜리아 **4-94** 등은 영문 로고와 아이덴티티를 유지하면서 한글로

맛깔스럽게 처리하여 동서양의 특징을 조합한 개성 있는 이미지의 작품들로 힘차면서도 부드러운 디자인으로 섬세하게 표현되었다. 어느 것 하나 흠잡을 데 없는 완벽함을 추구한 작품들은 그가 한글 조형에 쏟은 집념을 잘 반영한다.

서정적인 손맛 + 현대적 이미지

김진평의 작품을 보면 모두 한결같이 그가 손으로 직접 그려
그만의 독특한 서정적인 손맛이 느껴지는 자연스러운 개성이 살아
있다. 이는 그의 모든 작업이 전형적인 한글의 조형성을 바탕으로
원도시대의 손맛이 우러나오는 선과 균형을 가진 한국인의 정서에
충실하여 한결같은 자연스러움을 담아낸 데서 비롯한 것이다.
아래 제시된 문장의 맥락을 통해 김진평의 한글 로고타입 디자인에서
서정적인 손맛 위에 가미된 현대성의 제안은 곧 우리의 문화
정체성에서 표출되었음을 이해할 수 있다.

마치 베를 짤 때weaving 힘을 지탱하는 씨줄과 날줄이 교차되므로 하나의 완전
한 직물이 이루어지듯, '자기 인식'의 근거가 되는 문화적 정체성이 명확할 때
만이 무수히 다양한 문화적 소리를 조화롭게 운용할 수 있게 되고 결과적으로
는 이러한 통시성과 공시성을 역동적 균형감각으로 이끌어 새로운 시대를 향한
'현대성modernity'을 제안할 수 있는 것이다.[16]

16 김영기, 「한국인의
조형의식」, 창지사,
1992, 27쪽

즉 그의 작품에서 느껴지는 한글의 서정적인 자연스러움과
현대적 이미지는 한국인의 감정과 정서에 충실한 그의 한글 디자인
표현 능력과 진보적 사고방식을 시각화한 결과이다.

체계적인 접근 + 정교한 구성

김진평은 주도면밀한 이론 연구를 바탕으로 섬세하고 치밀하게
작업한 것으로 잘 알려졌다.
그의 모든 작품은 정확한 콘셉트에 따라 여러 가지 레이아웃과
스케치를 거쳐 완성되었다. 자칫 복잡할 수 있는 한글의 구성
요소로 정교하게 이미지를 구성하여 완벽한 자연스러움과
친근감을 끌어내며, 편안한 결과물을 이루어 내는 그의 작업 방식은
은근하면서도 강력하게 사람들의 시선을 사로잡는다.

장인정신이 우러나올 정도로, 매우 철저한 작업 스타일을 보이셨습니다. 특히,
로고타입 제작 시에는 아직도 모눈종이 작업을 통해 아이디어 스케치 작업을 할
정도로 디테일에 충실하셨죠. 그렇다고 디지털 등의 새로운 도구를 부정하지는
않으셨습니다. 각각의 장단점을 취하되, 손맛을 무척이나 강조하셨습니다.[17]

17 김병호, 〈정·글〉,
제9호, 1998, 7쪽

이처럼 김진평은 자신의 독특한 방법으로 작업에 열중하였다. 한글에
대한 깊은 탐구로 시작하는 제작 태도는 작품을 통해 우리에게
감탄을 자아내며 또한 큰 감명을 준다. 그의 몇 가지 원도 작업의
예를 보면 그가 얼마만큼 정확한 콘셉트와 체계적인 접근에 따라
이미지를 정교하게 구성하고 원도 작업을 하였는지 알 수 있다.

일요신문

4-4 일요신문

붓의 흘림체 특징을 현대적 감각으로 잘 표현한 작품으로 개성 있는 붓글씨의
우아한 품위를 느끼게 한다.

테이스터스 초이스

4-5 테이스터스 초이스

각 줄기의 양끝이 미세하게 굵어져 힘 있게 보이며 가로·세로모임 민글자의 특성이
잘 활용되고 ㅌ, ㅊ, ㅅ의 변형된 자음 요소들의 반복적 사용이 특징적이다.

워킹우먼

4-6 워킹우먼

글자 너비를 좁게 처리하고 초성과 종성의 ㅇ을 유사 요소로 잘 활용하며 특히
글자 '워'에서 ㅟ의 연결 표현을 아주 세련되게 특징화하여 개성 있는 여성적 이미지를
잘 표현한다.

한국 존슨'즈

4-7 한국존슨'즈

초성과 종성 자음이 일치된 부드러운 형태와 ㅎ에서 기울기가 있는 동글 이응의 형태 및
유사 요소에 의한 글자 균형이 안정감 있는 이미지를 유도한다.

낙타담담

4-8 낙타담담

자음 ㄴ, ㄷ, ㅌ과 모음 ㅏ의 기울기가 있는 세련된 연결 표현이 가로모임 조합의
특성 위에 유사 비례의 초성과 종성을 통해 완전한 조형성과 통일성을 이룬 개성 있는
표현으로 두드러진다.

4-9 사랑의 교회

로고타입에 대한 김진평의 설명으로는, 읽기에 친근하고 따듯하고 부드러우면서도 간결하고 깔끔한 현대적 감각을 조화시키고, 특히 첫 닿자 ㅅ의 형태에서 곡선과 심벌이 어울리게 하면서도 독특한 개성을 표현하였다고 한다. 이 로고에서는 탈네모틀의 조형적 측면의 단점과 미비점을 보완한 각 자소 형태의 균형과 조화가 돋보인다.

4-10 마드모아젤

각 자소의 부드러운 줄기와 돌기, 맺음 등의 특성을 바탕으로 자음과 모음의 형태 변화는
물론 적절한 기울기까지 활용하여 새로운 이미지와 개성을 부여한다.

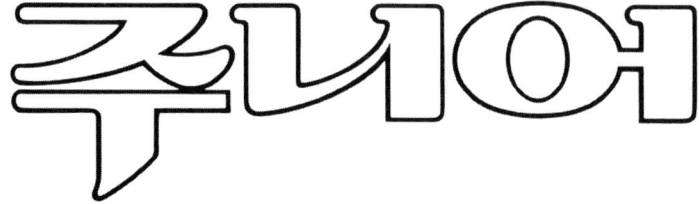

4-11 주니어

가로세로 획의 굵기 대비, 자음 ㅈ, ㄴ, ㅇ의 형태 변화와 함께 특히 ㅜ의 짧은 기둥에서
맺음의 기울기 처리가 전체 분위기를 더 산뜻하고 세련된 탈네모틀 양식으로 마무리한다.

기도의 6가지 힘

4–12 기도의 6가지 힘
좁은 글자 너비, 가늘면서 둥근 형태의 돌기를 가진 모음 ㅣ, ㅏ의 특징 등을 통해
새롭고 독창적인 이미지를 표현한다.

피부에 스미는
자연의 숨결

4–13 피부에 스미는 자연의 숨결

바탕체 스타일의 글자에 기울기, 돌기의 특징 등을 부여해 확장된 한글 표현의 예를
보여 준다.

4-14 디자인

3개의 기둥 중앙에 첫 닿글자와 곁줄기를 나란히 배치하고 세 기둥의 밑선과 받침 ㄴ을
연결하여 나타나는 단순한 기하학적 구조를 디자인의 모티브로 하였다 한다.
여기서 첫 닿글자의 모양과 굵기는 가장 단순하고 원초적인 성격으로 하였다.

유네스코

4-15 유네스코

모음 ㅠ, ㅡ, ㅗ의 보선과 닿선의 위치를 일치시켜 기존 글자와 다른 새로운 질서와 균형을
표현한다.

구리에

4-16 꾸리에

가로로 넓은 글자의 특징 위에 닿선의 위치 변화에 따른 자음의 크기와 형태의 변형이
새로운 이미지를 보여 준다.

네스카페

4–17 네스카페

네모틀 안에 꽉 차 보이는 두꺼운 굵기의 돋움체 양식에 날카로운 성격의 미세한
돌기 등을 통해 강하면서도 품위 있는 이미지를 표현한다.

서울여자대학교

4-18 서울여자대학교

닿선과 기준선 위치 변화에 따른 자소의 크기 변화, 세련된 형태의 돌기가 특징적이다.

푸른 하늘 은하수
하얀 쪽배에
계수나무 한 나무
토끼 한 마리

4-19 푸른 하늘 은하수…
글자 무게의 가로 중심선을 윗선 혹은 밑선으로 옮김으로써 글자가 모인 낱말이나
글줄에서 통일된 질서감과 변화를 강조한다.

W

SMC

서울 모테트 합창단
Seoul Motet Choir

한국인더스트리얼디자이너협회

4-20 서울 모테트 합창단
4-21 한국인더스트리얼디자이너협회
글자 무게의 가로 중심선을 윗선에 적용하여 통일된 글줄의 질서감이 윗선으로 유도된다.

명사의 이모저모

4-22 명사의 이모저모

글자 무게의 가로 중심선을 윗선 혹은 밑선으로 옮김으로써 낱말이나 글줄에서 변화 속에 통일감이 느껴진다.

4-23 가을 하늘 맑은 피부

가로세로 줄기의 굵기 대비와 손글씨 특성이 조화를 이루고 평범한 나열식의 틀에서
벗어난 자배열을 이룬다. 상하 배열의 리듬감 있는 움직임이 시선을 끈다.

4–24 우먼센스

획의 굵기 대비, 자모음의 형태와 돌기의 변형을 통해 개성을 부여한다. 특히 자음 ㅇ은
기존 한글 붓글씨 형태와는 다른 모양으로 균정하게 표현되었고, 모음 ㅜ의 멋스러운 형태
강조와 함께 적절한 기울기 형성이 동적인 이미지를 두드러지게 한다.

마주앙

4-25 마주앙

가로세로 획의 굵기 대비를 통한 자음 형태의 개성 있는 변형, 넓은 글자 너비, 세로줄기의 돌기, 곁줄기의 형태와 위치 변화를 통해 깔끔한 이미지를 보여 준다.

4-26 카멜리아

산세리프 스타일로 섬세하고 부드러운 자음 ㄹ의 형태 등을 통해 감성적인 이미지를
잘 표현한다.

4-27 커피믹스

기존 바탕체 스타일로 자음 ㅍ, ㅁ, ㅅ 형태의 세로줄기 기울기를 통한 변형과 모음 줄기의
돌기와 부드러운 곡선의 맺음 처리 등이 감성적 이미지를 유도한다.

카네이션
커피메이트

텔리비전

4-28 커피메이트
자음 형태의 새롭고 풍부한 변화와 기둥 돌기 부여, 글자 외곽의 입체적 선 처리 등으로 부드럽고 감성적이면서 세련되고 품위 있는 고전적 이미지를 유도한다.

4-29 텔리비전
가로세로 획의 굵기 차이와 둥근 곡선의 자음 형태 처리로 부드러운 흘림과 단정한 이미지를 조화롭게 잘 표현한다.

4–30 골드 블렌드
자음 형태에 부여된 부드러운 곡선을 통한 새로운 변화와 줄기의 우아한 돌기,
아웃라인체로 인한 흑과 백의 대비가 부드러우면서도 깔끔한 이미지로 표현되었다.

4-31 하이틴

자음 ㅎ의 전통적 붓글씨의 자연스러운 흘림 특징과 ㅇ의 형태에서 보이는 체계적인 획의 굵기 대비 및 글자 축의 기울기 등이 생동감 있고 조화롭게 표현되어 독창적이며 세련된 이미지를 보여 준다.

4-32 풀과 별

자연스럽고 부드러운 넓은 자음 형태, 특히 ㄹ의 아래 줄기의 유연한 곡선 처리가
색다르다.

행복이 가득한 집

4-33 행복이 가득한 집

세로줄기의 두꺼운 굵기와 돌기의 맺음, 가로줄기의 가는 굵기와 돌기의 응용에 따른
표현으로 바탕체 양식의 형태에 '가득'이라는 의미를 담고자 하였다.

버킹검

4-34 버킹검

세로줄기의 돌기와 맺음에서의 기울기 처리, 가로줄기 첫 부분의 기울기 처리 등을 통해
영국 왕실 근위병의 절도 있고 부드러운 움직임과 품위 있는 분위기를 느끼게 한다.

4-35 코래드

장식 없고 단순하며 두꺼운 가로세로 줄기로부터 연결 부분의 부드러운 곡선 처리를
통하여 여유 있고 탄탄한 신뢰감을 이끄는 친근한 이미지를 표현한다.

일요뉴스

4-36 일요뉴스

가로로 넓은 신문명조체 양식으로 서구 스타일의 세로줄기 돌기와 맺음, 붓글씨 특징의
가로줄기 돌기 변화 등 붓과 영문 활자체 특성의 돌기가 적절하게 조화를 이루어
새로운 감각의 개성 있는 이미지를 표현한다.

4-37 동양고속

획의 굵기 대비가 있는 돋움체 양식에 세로줄기의 돌기와 가로줄기의 맺음 등에서
사선의 기울기를 통한 마무리로 속도감 있는 움직임의 이미지를 강조한다.

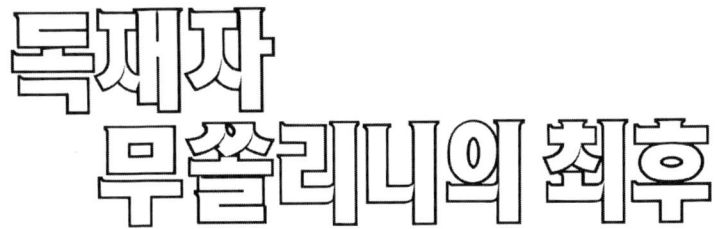

4-38 월간 공예

가로세로 줄기의 돌기와 맺음의 변화를 통하여 고전적이며 세련된 균형을 갖춘
바탕체 양식으로 표현하였다. 글자 크기의 변화가 매우 감각적이다.

4-39 독재자 무쏠리니의 최후

돌기의 변화, ㅅ, ㅈ, ㅊ에서 획이 겹치는 부분의 섬세한 선이 무쏠리니의 이미지를
대변한다.

싱싱한 피부

챔피언 플럭

4-40 싱싱한 피부

붓글씨 특성의 가는 바탕체 스타일 위에 군더더기 없이 새롭게 다듬어진 가로세로 줄기의
돌기와 맺음, 특히 ㅇ, ㅎ에서 상투의 생략, 자음 형태의 크기 변화 등을 통해 바탕체의
고상한 품위를 한층 더 깔끔하게 표현한다.

4-41 챔피언 플럭

45분간의 죽음

오손도손 따져봅시다

4–42 45분간의 죽음

돋움체 스타일에 가로세로 줄기의 각지고 두꺼운 돌기와 맺음 등을 통해 강한 개성의
이미지를 보여 준다. 영문 이집션 스타일의 슬래브세리프slab-serif를 연상케 한다.

4–43 오손도손 따져봅시다

모음에 비해 큰 자음들이 '오손도손 따져봅시다'라는 의미를 상징하도록 표현한다.

안권 회계법인

생명의
외딴 실험실

인천상륙의 영웅

베네치아: 환상의 섬도시

세로줄기의 돌기와 맺음, 가로줄기의 돌기 변형 등의 다른 방법을 통하여 각각 새롭고 개성 있는 이미지 표현을 보여 준다.

4-48 샤이닝 룩

기울기가 부여된 글자 구성에 빛나는 의미와 어울리는 질감을 줄기에 표현해 강하고
효과적인 개성을 표현한다. 특히 질감과 함께 ㅅ, ㅇ의 장식적 표현이 한글의 조형성과
균형감을 잘 살려 우아하고 멋스러운 이미지를 보여 준다.

4-49 클로즈업

의미와 어울리는 입체적 질감이 기울기가 있는 글자의 균형과 조화를 이루어 잘 표현된다.

4-50 설인은 살아있다

줄기에 의미와 어울리는 눈의 질감을 넣어 문장에 내포된 의미를 효과적으로 표현한다.

이름없는 죄수

에너지 파동

아스피린의 미처 몰랐던 약효

로고타입마다 줄기에 의미와 어울리는 질감을 넣어 강하고 효과적인 표현을 한다.

4-54 고운 눈 밝은 얼굴

규칙성이 있는 글자 표현에 손글씨의 흐름을 응용한 것으로, 줄기와 닿자 모양의 부드럽고
단순화된 유기적 형태가 사각형 상자와 대비되어 깔끔한 이미지를 연출한다.

4-55 피부는 썬쿨 마음은 태양
손글씨를 바탕으로 한 자연스러운 스크립트 기법의 좋은 표현을 보여 준다.

아름다운 피부가 태어나는 시간 —

부로아 리듬 맞사끼

지금은 밍콜의 계절

산호색 봄이 속삭여요

피부로 느낄수 있읍니다

규칙성이 있는 글자에 손글씨의 흐름을 응용한 표현이다.

4-60 몸짓
넓게 변형된 바탕체 스타일에 자연스러운 손글씨 기법의 돌기와 맺음으로 의미에
어울리는 이미지를 표현한다.

4-61 히말라야의 비경 "꽃의 계곡"
손글씨를 바탕으로 한 자연스러운 스크립트 기법의 줄기, 돌기와 맺음의 표현으로,
유기적 곡선과 모음의 수직선이 대비를 이루면서도 자연스럽게 조화를 이룬다.

4–62 갈채
손글씨의 자연스러운 기법을 통해 획의 굵기와 강약의 대조, 흘림의 자연스러움 등에서
직선과 곡선의 이미지를 조화롭게 잘 표현한다.

4–63 렘브란트 명화 도난사건
글자 너비를 좁힌 굴림체 스타일로 자음의 둥근 곡선 처리 형태의 특징을 응용한다.

4-64 20세기의 게르만민족 대이동

규칙성이 있는 글자 표현에 손글씨의 특징이 가미되어 다소 거친 듯한 이미지를 유도한다.

켄터키 후라이드 치킨

4-65 켄터키 후라이드 치킨

손글씨의 스크립트 특징과 '켄', '후', '치'의 글자 크기와 기준선 변화를 통한 배열의 움직임으로 의미를 더욱 두드러지게 한다.

4-66 디자인(창간 로고타입)

돌기 없는 단순한 가로세로 줄기의 글자에서 자음 ㄴ, ㄷ의 꺾임, ㅈ의 삐침과 내리점을 부드러운 곡선의 특징으로 처리하고 테두리 선을 이용하여 한글이 가지는 새로운 개성을 선보인다.

4-67 클래식

줄기에 부드러운 돌기 형태, 기울기 등을 부여해 조화로운 글자 균형을 이루며 아울러 테두리 글자로 우아한 이미지를 표현한다.

4-68 셀렉타

줄기의 섬세하게 날카로운 돌기와 자음 형태의 변화, 기울기 등이 조화로운 균형감을 유지한다.

4-69 이사도라

산세리프 스타일에 날카로운 이미지의 돌기를 더하고 가로줄기의 각진 맺음, 자음 연결 부분의 부드러운 곡선 처리 등을 통해 날카로우면서 부드러운 이미지를 잘 표현한다.

4-70 카나리아

섬세한 돌기와 두꺼운 세로획에서의 내부 선 처리와 가는 가로줄기와의 조화로운 균형이
외곽 테두리 글자로 표현된다.

4-71 내 마음의 소년

글자의 너비를 아주 좁게 하고 기울기를 주었지만 글자 외곽 테두리 선 표현을 통해
신선한 이미지를 만들었다.

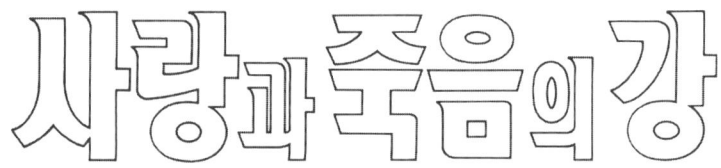

4-72 아빠의 마지막 크리스마스
넓은 글자 너비, 윗선 중심의 글자 구성, 돌기의 부여와 자음 형태의 변화를 통해
테두리 글자로 표현한다.

4-73 사랑과 죽음의 강
가로세로 획의 굵기 변화가 '사랑'과 '죽음'이라는 대비적 의미를 대변한다.

달 정복 10주년

경제대공황이 터진 날

4-74 달 정복 10주년
굴림체 양식에 외곽선 처리와 함께 음영을 주어 입체감을 표현한다.

4-75 경제대공황이 터진 날
헤드라인용 글자 양식에 외곽선과 그림자 표현으로 깊이와 입체감을 선보인다.

아르누보

피부가 여름을
느낄때 썬쿨

4-76 아르누보

부드러우면서 날카로운 듯한 가시 형태의 돌기와 기울기로 조화로운 균형을 이룬 글자의
외곽 테두리 표현이 돋보인다.

4-77 피부가 여름을 느낄 때 썬쿨

손글씨가 응용된 새로운 한글 표현에 외곽 테두리와 음영 표현으로 입체감을 부여한다.

4-78 블랙홀

4-79 목소리만 돌아온 비행사들

헤드라인용 글자 양식에 글자 너비를 좁히고 외곽 테두리와 그림자 표현으로
깊이와 입체감 등을 표현한다.

4-80 사나이

내용에 어울리는 단순하고 직선적 성격의 헤드라인용 글자를 바탕으로 글자 너비를
좁히고 내용에 어울리는 그래픽 요소를 더하여 의미를 더 구체적으로 표현한다.

4–81 해변으로 가요

굵은 세로획과 가는 가로획의 대비, 기울기를 통해 파도가 치는 듯한 이미지의 돌기와
맺음 등을 글자에 직접 반영하여 로고의 의미를 더 구체적으로 표현하여 의미를 전달한다.

4–82 저요,저요!

글자의 의미를 시각적인 이미지로 표현하여 효과적으로 전달한다.

4–83 디스코

글자가 춤을 추는 듯한 이미지 표현으로 스크립트 기법의 양식을 통해 의미를 전달한다.

4–84 "코란이냐, 칼이냐?"
글자의 의미를 효과적으로 전달하고자 코란이 상징하는 아랍어의 특징을 한글에 적용하여
표현한다.

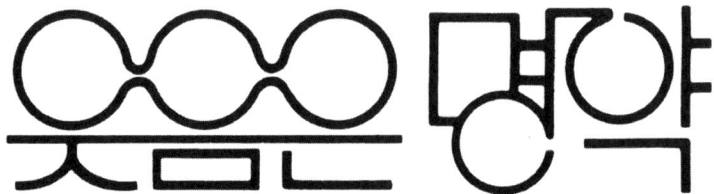

4–85 웃음은 명약

연결된 ㅇ을 통해 웃음이라는 의미를 상징적인 이미지로 표현한다.

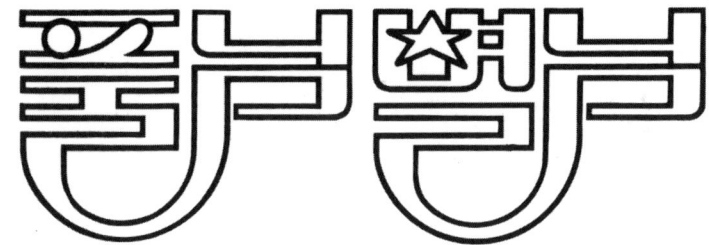

4-86 풀님 별님

연결된 ㄹ과 ㅁ이 만드는 형태와 '풀'의 동그라미 형태, '별'의 별 형태로 낱말이 상징하는
의미를 은유적으로 표현한다.

4-87 리더스 다이제스트

1978년 제작된 '리더스 다이제스트'는 영문 활자체 줄기 특성과 한글이 완벽하게 균형과
조화를 이룬 로고타입이다. 현대적 이미지의 한글 표현의 본보기로 25년의 세월을
뛰어넘어 지금까지 활용되는 한글 로고타입 명작 중 하나이다.

4-88 카리타스

영문 로고와의 아이덴티티를 유지하면서 이루어진 한글의 맛깔스러운 이미지 표현은
동서양의 특징을 조합한 결과이다.

4–89 뱅가드

영문 로고 V를 한글 ㅂ에 적용해 영문과 한글의 아이덴티티를 만들어 낸다.

CAMELTEX
카멜텍스

4-90 카멜텍스

영문 로고 M의 상징적 표현이 한글 로고에서도 이어진다.

4-91 메두사

내포된 의미를 스크립트 양식의 영문 활자체에 상징적으로 적용하여 의미와 형태의
일치를 유도하며, 같은 이미지를 한글 로고에도 적용한다.

라이커

주식회사 라이커

4-92 라이커

영문 알파벳 스타일의 돌기와 적절한 균형과 조화를 이룬 한글 자소 형태를 통해 새로운
이미지를 표현한다.

4-93 베가본드

단순한 직선적 산세리프 스타일의 줄기 형태, 가로줄기의 처음과 끝의 기울기, ㅂ 형태의
기울기 강조를 통해 힘찬 이미지를 표현한다.

까멜리아

4-94 까멜리아
글자의 폭이 넓지만 무게 중심선을 위로 맞추어 통일성을 이루고, 블랙레터 양식의
돌기 특징이 한글에 적용되어 동서양의 특징이 조합된 개성 있는 이미지로 표현된다.

4-95 로맨띠끄

손맛이 우러나오는 스크립트 기법의 자연스러운 줄기와 단정한 균형감을 가진 돌기가
서로 조화를 이루어 강하면서도 부드러운 이미지를 보여 준다.

4-96 멋스로만

획의 굵기 대비와 직선과 곡선이 조화를 이룬 결과물이다. '멋'의 종성 ㅅ의 스크립트
양식이 적절하게 조화를 이루어 서정적인 손맛이 우러나오는 표현이다.

4-97 로고타입 디자인을 위해 스케치한 원도 작업들

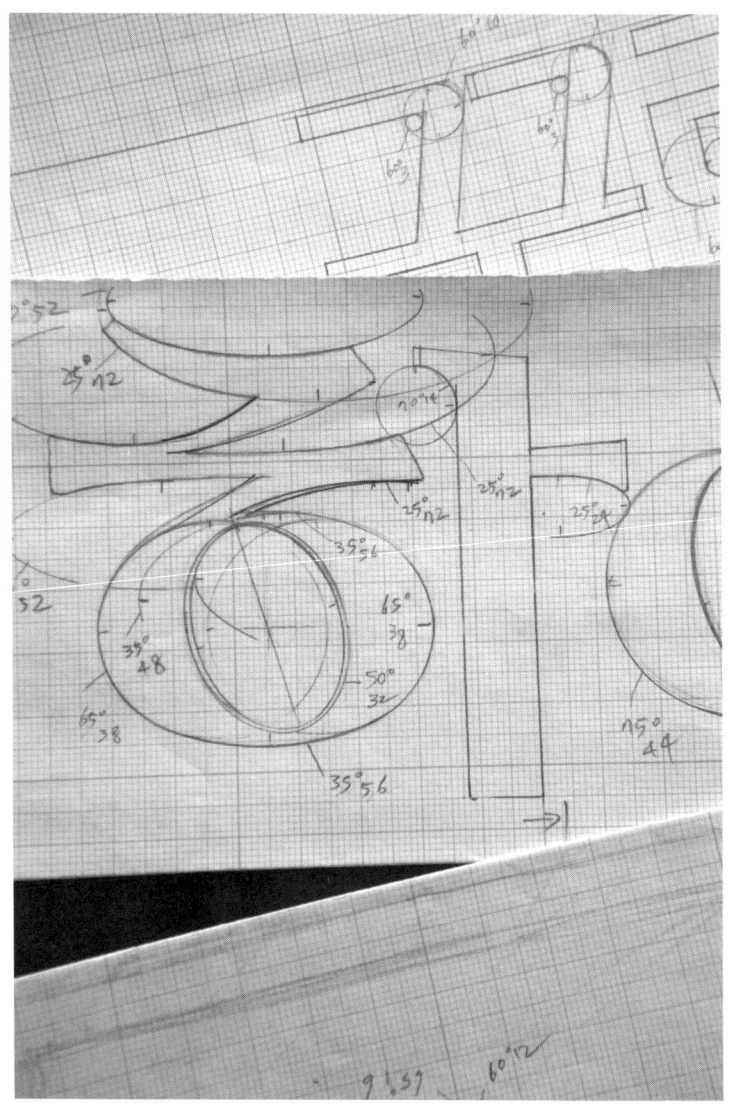

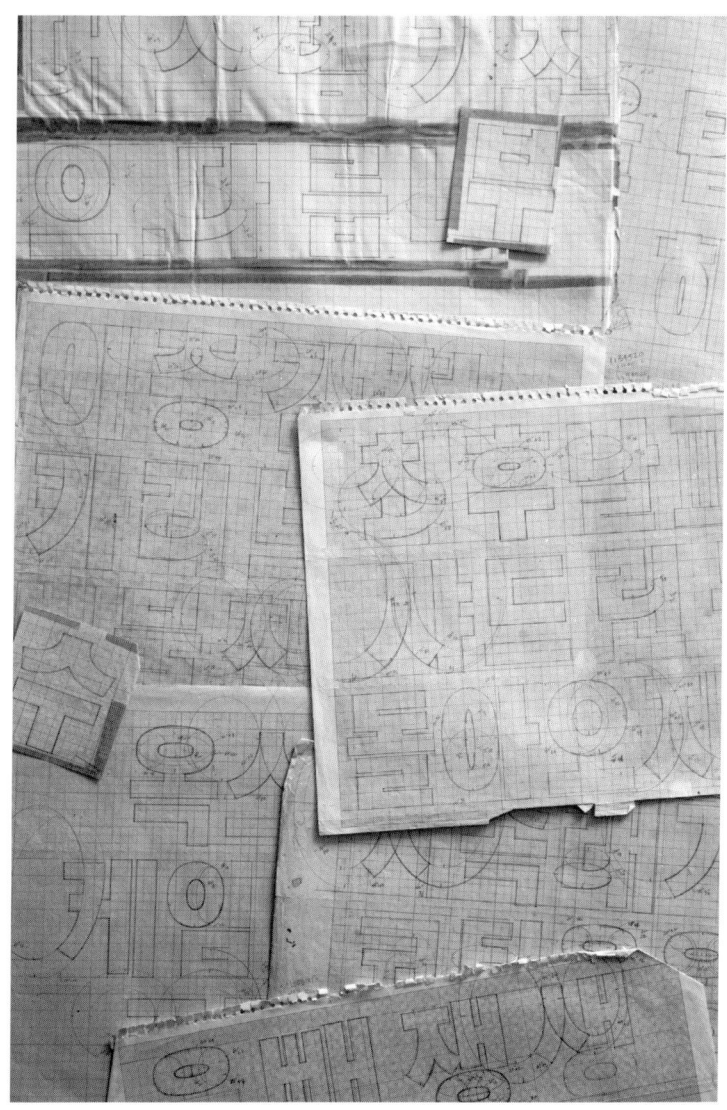

184

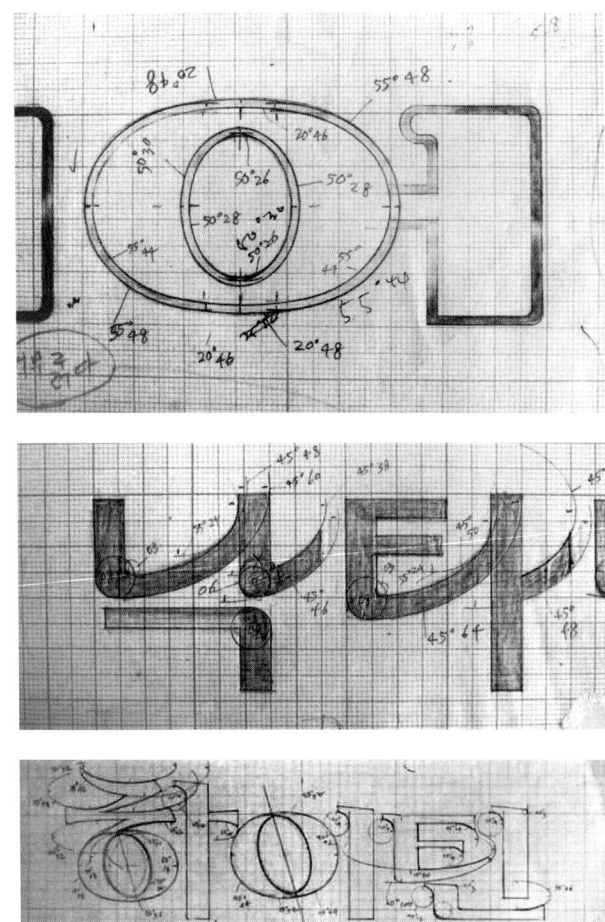

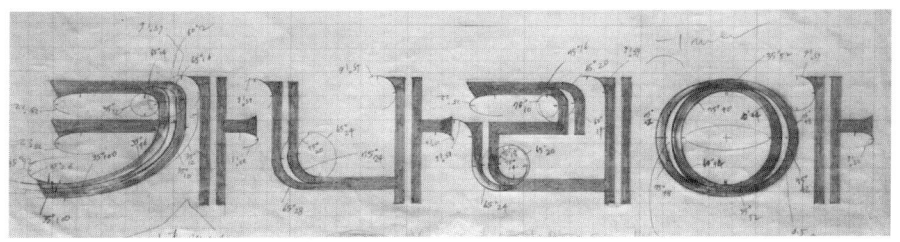

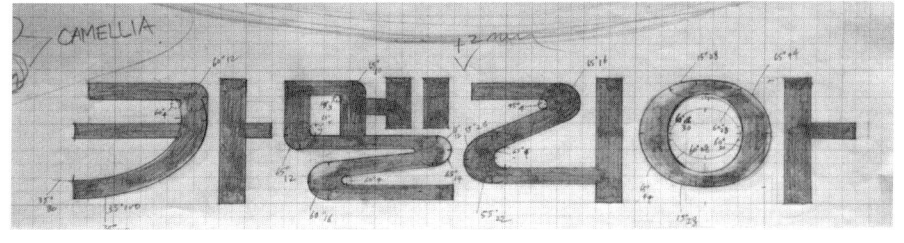

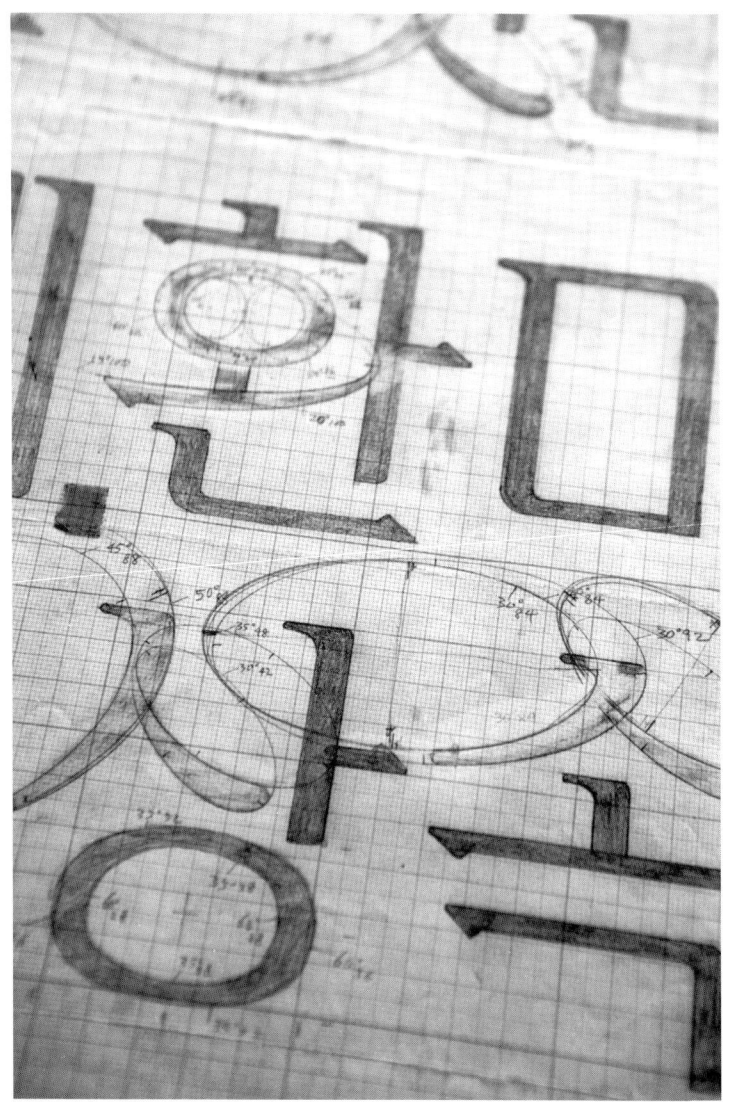

3 활자체 디자인

김진평은 로고타입 디자인과 더불어 새로운 한글 활자체 개발과
연구에도 주력하였다. 이는 그가 활자체 전문 인력이 부족하고
미약한 당시 상황과 환경의 현실적 문제를 파악한 것에서 기인한다.
한글에 대한 끊임없는 열정에서 나온 그의 작업은 오랫동안 주위
디자이너들에게 생명력을 갖춘 타입페이스로 평가되고 사랑을
받았는데, 당시 김진평의 활자체 개발 공헌에 대하여 황부용은
다음과 같이 자신의 견해를 밝혔다.

김진평 씨는 한국판 리더스 다이제스트의 창간에 참여하여 특히 한글 헤드라인
용 볼드 타입페이스 개발에 크게 이바지하였고, 그가 개발한 서체는 리더스 다
이제스트를 통하여 지금도 계속 활용되고 있다. 또 그는 라이카사의 한글 휠 타
자기용 활자체를 개발하여 타이프라이팅의 심미적인 면과 기능적인 면을 조화
시키는 데 오랜 동안 심혈을 기울여 왔다. …… 김진평 교수가 디자인한 라이커
타자기의 고딕체를 나는 매우 좋아한다. 그 타입페이스는 조립형 한글 디자인
의 미래를 밝게 해 주는 하나의 서광이다.[18]

18 황부용,
「타이포그래피적인
접근」, 월간 디자인
1986. 4, 124쪽.

이는 김진평이 한국 시각 디자인의 타이포그래피 분야, 특히 한글
활자체 연구에서 두각을 나타내었음을 증명하는 글이기도 하다.
김진평은 1980년대 전후 네모틀을 기본 모듈로 한 본문용 활자체인
굴림명조체(1977년) 4-98의 개발과 함께 탈네모틀 양식인 라이커의 휠 타자기용
서체(1984-1986년) 4-99, 삼보컴퓨터용 프린터 전용 서체 (1986년) 4-100, 조합형 전산
활자체 완성형 4-101 등 기타 본문용 활자체들의 개발에 주력하였다.
그가 개발한 굴림명조체는 본문용 활자체로, 고딕체의 기본 성격에

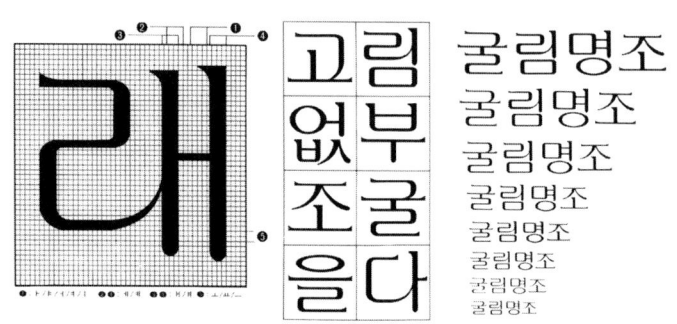

대부분의 갈매기들은 비상의 가장 단순한 사실 이상의 것을 배우려고 애쓰지 않았다. —— 즉 먹이를 찾아서 海邊을 떠나고 돌아오는 것 이상은 배우려고 하지 않았다. 내부분의 갈매기들에게는、問題는 날으는 것이 아니라、먹는 것이다. 그렇지만 이 갈매기에게는 먹는 게 問題가 아니라、날으는 게 問題였다. 그 무엇보다도、조나단은 날으는 것을 사랑했다.

우리는 우리 스스로 무지로부터 벗어날 수 있으며、우리는 우리 자신이 탁월하고 知的으로 우수하며 才能있는 生物임을 발견할 수 있다. 우리는 자유로와질 수 있다!

4-98 굴림명조체 1977

한글고딕 7940

본 글씨체는 라이카가 새로 개발한 전자

것입니다.   보시는 바와 같이 인쇄한

보고서나 편지또는 인쇄물등을 보는사람들

한글명조 6929

본 글씨체는 라이카가 새로 개발한 전자

것입니다.   보시는 바와 같이 인쇄한

보고서나 편지또는 인쇄물등을 보는사람들

한글명조 5919

본 글씨체는 라이카가 새로 개발한 전자

것입니다.   보시는 바와 같이 인쇄한

보고서나 편지또는 인쇄물등을 보는사람들

4-99 라이커 휠 타자기용 서체 1984-1986

우리는 민족중흥의 역사적 사명을 띠고
조상의 빛난 얼을 오늘에 되살려 안으로 자주독립의
고 밖으로 인류공영에 이바지 할때다   이에 우리의
혀 교육의 지표로 삼는다

성실한 마음과 튼튼한 몸으로 학문과
익히며   타고난 저마다의 소질을 개발하고 우리의
발판으로 삼아 창조의 힘과 개척의 정신을 기른다

우리는 민족중흥의 역사적 사명을
조상의 빛난 얼을 오늘에 되살려 안으로 자주
고 밖으로 인류공영에 이바지 할때다. 이에
혀 교육의 지표로 삼는다.

성실한 마음과 튼튼한 몸으로
익히며, 타고난 저마다의 소질을 개발하고,
발판으로 삼아 창조의 힘과 개척의 정신을

4-100 삼보컴퓨터용 프린터 전용 서체 1986

여기서 인류의 역사를 되돌아 보기로 하자. 인류는 생활의 불편
을 해소하기 위해 다양한 도구와 기계를 발명해 왔다. 그러한 새로
운 도구와 기계의 사용이 사회의 진보와 발전을 가능케 만든
것이다. 마이크로일렉트로닉스 기술에 의해 개발된 각종 OA기기는
탁월한 능력으로 신국면을 개척했다. OA기기와 통신기술이
연결되면 가정에 앉아서 쇼핑하는 일도 가능해진다. 또한
기술적으로 볼 때, 가정 내에서 직장의 사무를 처리할 수 있으며
의사결정도 더욱 고도화될 것이다. 이처럼 미래지향적인 OA는
사무기능과 방법을 변화시킴은 물론 더 나아가 사회 전체의
진보발전에 핵심요소가 되는 것이다.

4-101 조합형 전산 활자체 완성형

명조체의 변형된 돌기를 응용했다. 이러한 특징과 함께 굴림명조체는 신문이나 서적 등의 제목용으로도 활용되었다. 가독성이 우수하면서 개성 있고 친근한 형태로, 혁신적인 본문용 활자체라는 데 큰 의의가 있다.

또한 탈네모틀 글자꼴로 개발한 다양한 유형의 휠 타자기 활자체는 기존의 전통적인 사각형틀 자형의 조형상 혹은 기능상의 난제들을 해결할 실마리를 제공하는 디자인이었으며, 더욱이 실용화되어 매우 큰 의미가 있다.

전산 활자체 개발에서는 경제적이고 능률적인 조합형과 일본인들의 개념을 그대로 한글에 적용하여 우리에게 친숙한 완성형 방식 등을 개발, 실용화하여 한글 활자꼴을 위한 가장 적절하고 경제적인 표준화 법칙과 가독성이 높은 새로운 형태를 찾아내고자 하였다. 즉 인쇄용 네모틀 활자꼴이나 탈네모틀 활자꼴을 더욱 합리적이고 글자다운 활자꼴로 만들어 낼 이론적 배경을 만드는 데 끊임없이 연구하고 주력한 것이었다. 특히 전산 활자체 개발에서는 네모틀과 탈네모틀 활자꼴의 2가지 디자인 방향이 동시에 진행되어 용도에 따른 적절한 사용으로, 한글 타이포그래피의 종류가 빈약하고 한글의 조형 체제가 전혀 확립하지 못한 당시의 상황에서 한글문화의 전성기가 앞당겨지기를 바랐다.

활자 활자 활자 **활자 활자**

참고운활자

참고운활자

참고운활자

참고운활자

참고운활자

4–102 참고운활자체 1990

아울러 그가 디자인한 **참고운활자체 4-102**는 당시 한글 본문용
활자체에서 부족했던 활자 가족 개념의 확장을 위한 하나의
시도였다.

이렇듯 김진평은 로고타입 디자인은 물론 한글 활자체 디자인
개발에 이르기까지 한글에 대해 각별한 사랑과 열정을 쏟아부었다.
이것은 시각 디자인의 중요한 기초 요소로 한글을 개발하고
발전시키고자 하는 그의 확고한 목적의식을 보여 주는 것이다.
그의 로고타입 작업들은 한글 표현의 현대적 경향을 형성한
선구자였으며, 아울러 한글 콤플렉스를 극복하고 더욱 체계적이고
효과적인 우리 시대의 한글 활자체 디자인이 지향하고 나아갈
방향을 제시한 것이다.

194

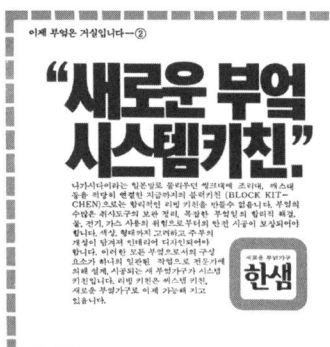

4-103 신문 광고용 헤드라인체와 셈 스탠다드체의 예

셈 스탠다드

바 람 야 향 서 정 켜 였
미 필 내 백 애 제 겠 레
소 공 죠 욕 부 물 류 육
트 들 과 황 되 워 월 귀
의 왜 꼐 1 2 3 4 5
6 7 8 9 0

4-104 셈 스탠다드체

한글 타이포그래피 포스터

그래픽 디자이너로서 타이포그래피적 접근은 가장 기초적인
재산이다. 타이포그래피를 다루는 능력은 곧 디자이너의 능력으로
평가될 수 있는데 김진평이 제작한 포스터는 한결같이 한글을
시각 조형 요소로 작품화한 특성이 강하게 드러난다.
아울러 그의 작품에서는 한글을 중심으로 한 창의적인
타이포그래피적 접근을 진지하고 과감하게 시도한다. 대표적인
한글 타이포그래피 포스터 작품은 다음과 같다.

시사영어사를 위한 포스터, **1985**. 4-105

레터링을 이용한 포스터, **1990**. 4-106

삼보 트라이젬 레이저 빔 프린터 포스터, **1985**. 4-107

〈춘향전 판소리〉 포스터, **1996**. 4-108

〈타락〉 컴퓨터 그래픽 포스터, **1995**. 4-109

〈심청전 마당극〉 포스터, **1996**. 4-110

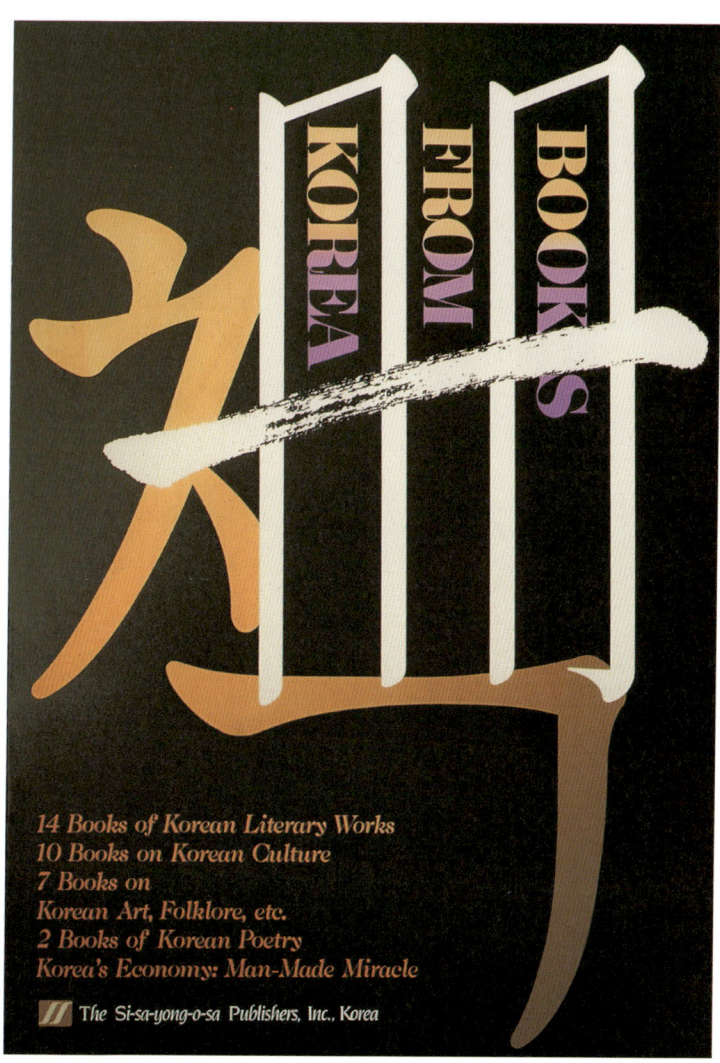

4-105 시사영어사를 위한 포스터

4-106 레터링을 이용한 포스터

4-107 삼보 트라이젬 레이저 빔 프린터 포스터

박동진 판소리 춘향전 발표회
1996. 10. 9. 15 : 00 / 예술의 전당 콘서트 홀

어사또가 부모님 전,

춘향 내력 고하신 후,

호기 있게 데려다가,

아들 낳고 딸을 낳고,

오복 겸비 백년해로,

뉘 아니 부뤄하리,

성상이 대희하여,

이조참의 대사성을,

불차용지하옵시니,

아마도 충렬지인은,

후록이 있사오니,

이 타령을 내옵기는,

후생의 여러사람,

본받고자 하심인저.

덩지덩.

4-108 〈춘향전 판소리〉 포스터

4-109 〈타락〉 컴퓨터 그래픽 포스터

4–110 〈심청전 마당극〉 포스터

부록

김진평 교수(1949~1998)

김진평 연표

1949
서울 출생

새활자 시대 1864–1949

일본 기술에 의한 한글 개발

1954
유니버스(Univers)체

1950
팔라티노(Palatino)체

1957
헬베티카(Helvetica)체

1952
홍익대 공예도안과 개설

1958
옵티마(Optima)체

1953
서울대 응용미술과 개설

클래식

내 마음의 소년

사나이

명사의 이모저모

셀렉타

까멜리아

풀과 빨래

엘칸토 베가본드

켄터키 후라이드 치킨

달성콕 10주년

45분간의 죽음

뱅가드 Vangad

서울여자대학교

경제대공황이 터진 날

블랙홀

마드모아젤

톨스온 살아있다

생명의 외딴 실험실

목소리만 들어온 배행시트

챔피언 플럭

샤이닝 록

"코라의 삶, 잠의 삶?"

따가 약음을 느낄때 쉴곳

갈치

오손도손 따져봅시다

웃음은 명약

에너지 파동

푸른하늘 은하수
하얀 쪽배에
계수나무 한나무
토끼 한 마리

베네치아:
환상의 섬도시

올림프스-업

월간 공예

아스피린의
미처 몰랐던
약효

안권 회계법인

아빠의 마지막 크리스마스

사랑과 죽음의 강

주니어

medusa
메두사

몸짓

독재자
무솔리니의 최후

주니어

히말리아의
나라
"꽃의 제국"

해변으로 가요

지금은 명랑의 계절
신호색 불어 속삭여요
피부로 느낄수 있읍니다

한국인더스트리얼디자이너협회

아름답윤 띄부기 대 이나는 시간 —
부로 아리롬 멋삭시끼

이름없는
죄수

멋스로만

고운 눈 밝은 영혼

연구 논문 요약

한글 Logotype의 기초적 조형 요소에 관한 연구

서울대학교 대학원 석사 학위 논문, 1974

한글은 글자 비례에 따라 조형 조건에 극심한 차이가 있으며 이는 '모아쓰기 방식'에
따른 것이다. 그러므로 기업의 로고타입 제작에는 이러한 조형 조건에 대한 이해가
바탕이 되어야 한다. 이 연구는 한글 조형을 분석하여 그 기본적인 요소를 설정하고,
로고타입 디자인 과정에서 나타난 한글 조형 요소와 가독성의 관계를 분석하였다.
한글의 기초적 조형 요소와 한글 로고타입에서의 응용에 관한 연구는 기본적으로
한글의 글자 자체에 대한 조형 연구이다.

한글 Typeface의 글자폭에 관한 연구 – 제목 글자를 중심으로

서울여자대학교 논문집, 1982

한글의 제목 글자display type의 하나인 견출고딕체에 관한 제반 특성을 밝힌 연구이다.
각종 시각전달 매체에서 인지도와 가독성이 특히 높아야 하는 제목 글자는
본문 글자보다 비교적 큰 글자, 굵은 글자로 짧은 문장에 쓰이기 때문에 글자의 구조적
결함이 더욱 두드러져 보인다. 사용 빈도가 극히 적은 글자를 뺀 1,484개에 달하는
한글의 모든 글자를 가로획과 세로획의 구성별로 분류하고, 조사에 적합하도록 선정한
28개의 대표 글자를 대상으로 실험하여 다음과 같은 결과를 정리하였다.

– 현행 한글 타입페이스는 글자의 획수가 많아질수록 획의 굵기는 점차 감소하는 반면
　글자 너비는 점차 증가한다. 그러나 이 경우에 수직형, 혼합형 합성 글자의
　가로 너비는 근소하게 증가하나 수평형 합성 글자의 세로 너비는 비교적 많이
　증가한다.
– 현행 한글 타입페이스에서 글자의 가로 너비 차이는 근소하지만 세로 너비는 비교적

다양하므로, 세로짜기는 가로짜기보다 유리하다.
- 글자 너비를 증가시키지 않고 현행 견출고딕체보다 획의 굵기를 늘리고 글자 크기를 작게 할수록 검게 메워지는 글자 수의 범위도 늘어난다.

한글 글자체 변형에 관한 연구

서울여자대학교 논문집, 1985

한글의 짧은 변천 과정에서 시대적인 문화 양식에 의한 영향이 뚜렷하게 나타난 경우는 별로 없다. 그러나 궁중이나 사대부의 규방이라는 특수한 사회 속에서 뚜렷한 필법을 갖는 궁체라는 붓글씨가 확립된 것은 그 사회 속에 예의나 격식을 중히 여기던 정신이 그대로 반영된 것이라고 볼 수 있다. 한글은 처음 창제될 때에는 판각체에서 비롯되고, 붓으로 쓰기 시작함으로써 전형적인 붓글씨체가 만들어졌으며, 이 붓글씨체가 다시 활자체나 판각체에 영향을 주어 결과적으로 판각체와 활자체는 붓글씨체와 서로 영향을 주고받으면서 변천해 오늘날의 명조체와 고딕체에 이르게 된 것이다.

현재 사용되는 명조체는 1880년에 만들어진 납활자의 글자체에 기본을 두고 다듬어 정리한 글자체이다. 글자 줄기가 붓글씨의 성격을 강하게 나타내고 닿글자가 모두 비슷한 크기로 이루어져 글자의 전체 형태가 네모꼴에서 벗어난다는 점이 특징이다. 이 글자체의 가독성이 높은 것은 이러한 글자마다 글자의 외각형의 특징이 큰 데에서 기인한 듯하다.

한편 소위 명조체와 대조적인 성격이 있는 한글 고딕체는 기하학적 직선과 원만으로 이루어진 창제기의 글자와는 달리 곡선이나 타원을 사용하여 명조체보다는 약하지만 곡선의 성격이 함께 표현된다. 고딕체는 명조체가 1800년대의 글자체에 근거하는 점과는 달리, 필요에 따라 명조체를 근거로 새롭게 만들어진 글자체라고 할 수 있다. 따라서 한글의 글자체에서 역사적 변천 과정으로 보나 현재의 글자의 기능적 측면에서 보나, 명조체가 가장 대표적인 글자체라고 볼 수 있다.

한글 명조활자의 자간 조절 가능성에 관한 연구

– 사진식자 SK 태명조 가로짜기의 경우

서울여자대학교 논문집, 1988

활자체에 따라 동일 명조라 해도 세부적인 구조는 다르다. 이 연구에서는 SK 태명조를 대상으로 실험하였는데 한글 명조 활자의 글자 간격 조절을 위한 글자 간격 집단 체계의 타당성은 입증되었으나 다양한 윤곽을 갖는 닿자의 변수에 따라 예외가 생길 수 있다는 문제와 글자의 크기에 따른 글자 간격 조절의 집단 체계가 조정될 필요를 발견하였다. 글자 간격 집단을 추출하는 과정에서 한글 글꼴 중 가장 다양한 윤곽인 명조 활자의 글자 간격 조절에서는 단순히 글자 사이 공간의 양이나 글자 윤곽의 형태만이 아닌 열린 줄기의 위치 선이 글자의 느낌에 커다란 영향을 준다는 점을 발견하였다. 글자 간격이 고르게 보이는 문제는 이러한 요인이 결합한 복합적 결과로 서로 상대적으로 비교되는 것이며, 단순히 어느 한 가지 요인의 결과만은 아니다.

오늘날 사진식자의 전산화에 맞추어 자간 조절이 자동으로 될 수 있는 프로그램을 개발할 필요성이 증대하고 있으나, 앞서 언급한 바대로 3가지 요인의 복합적 결과인 글자 간격을 단순한 체계로 조절한다는 것은 매우 복잡한 일이지만, 이 연구에서 추출된 글자 간격 집단 체계를 기본으로 하고 모든 변수를 적용하여 조정함으로써 예외적 글자 간격의 체계를 또한 마련한다면 자간 조절의 자동화 혹은 전산화도 가능할 것으로 기대한다.

한글 활자체 변천의 사적 연구

한국출판연구소 한글 글자꼴 기초 연구, 1990

훈민정음 창제 이후 오늘날까지의 한글 활자체 변천을 시대 구분에 따라 나누어 보고, 그 시기별로 특징을 살펴보았다. 한글 활자체의 정통성을 이어받았다고 판단되는 대표적인 활자체들을 중심으로 연구의 범위를 한정하였는데, 특히 옛활자시대의 활자체로는 중앙 관서에서 만들어진 것과 그 형태적 변천이 가장 심한 붓글씨체와 목판 글자도 포함하였다.

외국 활자체의 사례를 통해 일반적인 활자체 변천 요인을 파악한 다음, 훈민정음 창제 이후 현재까지의 기간을 일정한 기준에 따라 시대 구분을 하고 각 시기의 대표적인 활자체들의 특성을 분석하였다. 이 분석을 종합적으로 비교하여 시대순으로 정리함으로써 한글 활자체 변천의 계보를 파악한 결과, 한글 활자체의 변천 과정에는 활자체 변천 요인과 글씨체 변천 요인이 동시에 작용함을 알 수 있었다. 글씨체나 목판 글자체가 균형 있고 개성 있게 변천해도 같은 시기의 활자체에는 이 같은 변화가 곧 반영되지 않는다. 이러한 느린 변천 속에서 오늘날의 정조체(이른바 한글 명조체의 새로 제안된 이름)의 최초 정형이 이루어진 것은 훈민정음 창제 후 350년 후의 정형기 후반의 일이었다. 이런 의미에서 한글 활자체 변천에서 가장 중요한 시기로는 창제기와 정형기의 배경을 이룬 교서관기를 들 수 있다.

한글 창제 후 540여 년 동안 한글 활자체 변천 과정은 그대로 우리 민족의 수난사와 일치한다. 한자 위주의 사대 문화와 일제의 식민지 문화 밑에서 한글 활자체의 맥은 수많은 단절의 위기 속에 기적적으로 오늘에 이어졌다.

한글 활자체의 조합형 설계 방법에 관한 연구

서울여자대학교 대학원 논문집, 1994

한글 구조의 특성은 복합 구조, 논리적 구성의 구조, 완성된 글자 구조의 방대함이다. 그중 복합 구조와 완성된 글자 구조의 방대함 때문에 한글 폰트 개발에 많은 인력과 전문 기술과 비용이 들지만 한글의 논리적 구성의 특성을 잘 활용하고 조합형 설계 방법을 깊이 연구하여 한글 폰트 개발을 활성화해야 할 때이다. 지금까지 이 점을 간과한 이유는 활자체 설계와 활자의 생산 방식에서 한글 낱글자를 완성 단위로 인식해 왔기 때문이다.

이 연구에서는 기존 한글 폰트의 조합형 설계 사례들을 비교 분석함으로써 조합형 설계의 기본적인 방법과 그 효과를 규명하기 위해 한글의 논리적 구성의 특성과 그 형태의 원리를 분석하고 이를 조합형 설계 방법에 연결할 때 필요한 개념들을

정리하였다. 그리고 조합형 설계 사례로 한글 워드 프로세서의 샘물체와 명조체 폰트를
비교 분석하고 글자 윤곽과의 관계를 규명한 다음, 앞에서 분석된 원리를 글자로 하여
조합형 설계의 기본적인 방법을 추출하고 이를 바탕으로 조합형 설계 방법의 가능성을
가늠하였다.

미국의 타이포그라픽 디자인 교육에 관한 연구

서울여자대학교 조형연구소, 1995

우리나라에서 타이포그래피의 중요성이 인식되어 소수 대학에서 정규 과목으로
설치되기 시작한 것은 1980년대 말부터였으며 아직도 많은 대학의 시각 디자인 전공
과정에 타이포그래피 과목이 개설되지 않았다. 서구에서 확립된 현대 타이포그래피의
정신과 개념 역시 이 시기에 미국으로 이주하여 미국의 교육계에 참여한 사람들에 의해
미국 대학 교육에 계승되어 미국 타이포그래피 디자인으로 발전하였다. 이처럼 오늘날
미국 타이포그래픽 디자인의 형성과 발전에는 미국 대학의 타이포그래픽 디자인 교육이
공헌한 바가 크다.

이 연구에서는 미국의 4년제 대학 그래픽 디자인, 시각전달 디자인 혹은 이에 준하는
전공 학과에서 타이포그래피, 타이포그래피 전달, 타이포그래픽 디자인 혹은 이에
준하는 내용의 교과목 설치 현황 및 과목의 내용과 교육 방법 그리고 교과 설치 시기를
조사하고 아울러 관련된 산업 기술, 즉 사진식자 혹은 인쇄 및 전산 기술과의 연관과
응용 여부를 분석하였으며, 미국 전역 23개 대학의 자료 분석을 통해 다음과 같은
결론을 얻었다.

- 대부분의 미국 대학에서는 타이포그래픽 디자인이라는 명칭보다는 '타이포그래피'를
  과목 명칭에 더 선호하여 사용한다.
- 일반적으로 시각전달 디자인, 그래픽 디자인 혹은 이와 유사한 전공의 전공 과정
  2, 3학년에는 타이포그래피 과목이 비교적 높은 비중으로 설치되어 교육된다.
- 일반적인 미국 대학의 타이포그래피 교육 내용은 타이포그래피의 이해와 그
  활용이다.
- 미국 대학 교육에서 타이포그래피는 시각전달 디자인이나 그래픽 디자인 과정 속의

독립된 영역이라기보다는 오히려 전달 디자인 혹은 그래픽 디자인을 이루는
요소의 하나로 인식되며 또한 이러한 인식으로 교육된다. 이는 타이포그래피가
곧 전달 디자인이나 그래픽 디자인의 기본 요소로 인식되기 때문이다.

한성주보 한글 활자꼴에 관한 연구(1) – 타이포그래피 표현을 중심으로

서울여자대학교 조형연구소, 1997

전통적인 옛 활자꼴의 발굴과 분석을 위한 일련의 연구의 하나로서 우리나라 관립
인쇄소인 박문국에 의해 1886년 인쇄에 활용된 최초의 한글 새활자인 〈한성주보〉
활자꼴을 대상으로 그 조형적 성격을 분석한 연구이다. 먼저 한성주보 활자 구조의
개략을 파악하고 이러한 낱개의 활자 구조들이 모여 이룬 타이포그래피 표현의 특성과
〈한성주보〉 활자로 인쇄된 각종 사례를 통해 각종 타이포그래피 표현 방식들을 비교
분석하였다. 우리나라의 근대식 새 활자꼴의 효시이면서도 가장 오랜 기간 다양하게
활용된 이 활자꼴의 특성을 다음과 같이 정리하였다.

– 구조적으로 붓글씨의 성격이 강하면서도 근대식 새활자로서의 균형감을 최대로
　살리려는 의도로 설계되었지만 그 굵기나 농도가 일정하지 않다.
– 판짜기 방식은 인쇄물의 종류에 따라 매우 다양하며 이들은 커다란 형식상의
　유형으로 분류될 수 있다.
– 개발 초기부터 활용되는 기간이 지날수록 판짜기 방식에서 가독성과 짜임새를
　높이려는 발전 과정을 발견할 수 있다.
– 개발 초기에 주로 본문으로 사용되었으나 이후 주로 소제목 혹은 중제목으로 많이
　활용되었다.

결과, 〈한성주보〉 활자는 디지털 폰트에 적용되는 바탕체 구조의 원형으로서 중요한
의미가 있으며, 앞으로 더욱 우수한 한글 디지털 폰트의 연구 개발을 위한 기초
자료로서 마땅히 파악할 가치가 있다.

정기 간행물 기고문

01 「뚜렷한 확신과 크리에이티비티」, 디자인, 1977. 9
02 「한글 타이포그라피 디자인」, 토탈디자인사, 꾸밈, 7호, 1978. 1/2
03 「한글 디스플레이 타이틀 개발 방향」, 한국디자인포장센터, 46호, 1979
04 「우리나라 로고타입 현황」, 한국광고제작연구회, 1981
05 「알파벳과 비교해 본 한글 활자체(Typeface) 디자인의 가능성」, 종합디자인, 1983.
   10/11
06 「한글의 산업화와 글자꼴」, 국어생활, 겨울(제3호), 국어연구소, 1985
07 「한글 글자 표현의 가능성」, 산업디자인, 1985. 7/8, vol. 16
08 「시각디자인 교육교재」, 한국디자인포장센터, 1985
09 「만화 '백수백복도'에 나타난 글자의 조형」, 월간 디자인, 1986. 7
10 「시각디자인 교육교재」, 한국디자인포장센터, 1987
11 「새로운 활자꼴의 창조자-타이포그래퍼」, 월간 시각디자인, 1987. 4
12 「한글 글자꼴과 그 관계집단」, 월간 시각디자인, 1987. 10
13 「전산화 시대의 한글 활자체 디자인」, 월간 디자인, 1989. 10
14 「제1회 코그다 편집디자인 용평세미나」, 보고서, 1990
15 「활자체로 보는 한글꼴의 역사」, 산업디자인, vol. 112, 1990
16 「타이포그래피의 대 사회적 정의를 실천하는 타이포그래퍼-김진평」, 월간 디자인,
   1990. 6
17 「급증하는 인쇄매체, 서투른 타이포그래피」, 시즌리뷰 1990 봄/그래픽디자인, 월간
   디자인, 1990. 3
18 「타이포그래피의 재료의 부족을 메워가는 노력들」, 시즌리뷰 1990 여름/
   그래픽디자인, 월간 디자인, 1990. 8
19 「타이포그래피 표현의 실험적 시도 요구돼」, 시즌리뷰 1990 가을/그래픽디자인,
   월간 디자인, 1990. 11
20 「한글 활자체 변천의 사적 연구」, COSMA, 1990. 10

21 「계속되어야 할 타이포그래피 개념의 확산」, 시즌리뷰 1990 겨울/그래픽디자인, 월간 디자인, 1991

22 「한글 활자체 개발과 그 활용의 문제」, COSMA, 1991. 10

23 「우리나라 글꼴이야기, '한글 서체연구가와의 만남'」, 도서출판 글씨, 1992

24 「한글 타이포그래피의 현주소」, 월간 디자인, 1992. 10

25 「한글 타이포그래피의 현주소」, 맥마당, 1992

26 「서양 타이포그래피의 역사」, LG사보, 1995

27 「한글 활자체 변천의 사적 연구」, 디지털미디어, 1996. 10

28 「1700년대 이후를 중심으로 본 한글 본문용 활자체 구조의 변천 과정」, 정·글, 제1호, 1996

참고 문헌

국내 단행본

고 김진평 교수 추모논문집 발간위원회, 『한글 조형연구』, 1999

권재선, 『국문자론』, 우골탑, 1996

김석득, 『우리말 연구사』, 정음문화사, 1999

김영기, 『한국인의 조형의식』, 창지사, 1992

김정수, 『한글의 역사와 미래』, 열화당, 1990

김지현, 『타입과 타이포그래피』, 임프레스, 1997

김지현 역저, 『타이포그래픽 커뮤니케이션』, 창지사, 1998

김진, 『언어와 문화』, 중앙대학교 출판부, 1996

김진평, 『한글의 글자표현』, 미진사, 1991

김학성 편저, 『한글로고모음집』, 도서출판창미, 1995

김현미, 『좋은 디자인을 만드는 33가지 서체 이야기』, 세미콜론, 2007

김훈, 임진욱, 『한글 디지털 타이포그래피』, 성신여자대학교출판부, 2008

루돌프 아른하임, 김춘일 옮김, 『미술과 시지각』, 미진사, 1996

루돌프 아른하임, 김정오 옮김, 『시각적 사고』, 이화여자대학교 출판부, 1997

박대순 옮김, 『현대디자인 이론의 사상가들』, 미진사, 1991

박명석, 『東과 西 – 그 의식구조와 차이』, 탐구당, 1992

박종렬, 『문자디자인모음집』, 도서출판아트북, 1990

송현, 『한글자형학』, 월간 디자인, 1988

신청우, 『디지털 타이포그래피』, 임프레스, 2003

얀 반 토른 외, 윤원화 옮김, 『디자인을 넘어선 디자인』, 시공사, 2004

원유홍, 『커뮤니케이션디자인사』, 정글, 1998

원유홍, 서승연, 『타이포그래피 천일야화』, 안그라픽스, 2004

윤영기, 『한글디자인』, 정글, 1999

안상수, 한재준, 이용재, 『한글 타이포그래피 교과서』, 안그라픽스, 2009

이근수, 『훈민정음 신연구』, 보고사, 1995

이기성, 『한글 글꼴 및 세라믹 활자 개발에 관한 연구』, 한국학술정보, 2007

이기성, 『한글 타이포그래피』, 한국학술정보, 2007

이기성, 『한글디자인 해례와 폰트디자인』, 한국학술정보, 2009

이정호, 『훈민정음의 구조원리 : 그 역학적 연구』, 아세아문화사, 1990

전은호, 『타이포그래피 세상읽기』, 비비컴, 2000

조성출, 『한국인쇄출판백년』, 보진재, 1997

천혜봉, 『한국 인쇄사』, 범우사, 1990

최기호, 김미형, 『언어와 사회』, 한국문화사, 2000

최병원, 『사진식자와 디지털 식자를 위한 타이포그래피』, 아트코리아, 1992

최현배, 『한글의 투쟁』, 정음사, 1954

최현배, 『글자의 혁명』, 정음사, 1956

최현배, 『한글 가로글씨 독본』, 정음사, 1961

최현배, 『한글만 쓰기의 주장』, 정음문화사, 1999

칼 스완 저, 송성재 옮김, 『언어와 타이포그래피』, 커뮤니케이션북스, 2004

한국출판연구소, 『한글글자꼴 기초연구』, 1988

한글학회, 『훈민정음』, 1994

허웅, 『한글과 민족문화』, 세종대왕기념사업회, 1974

홍동원, 『우리나라 글꼴 이야기』, 글씨, 1992

황부용, 『세계의 로고타이프』, 시각문화사, 1979

『한국인쇄대감』, 대한인쇄공업협동조합연합회, 1969

『한국출판문화 1300년』, 대한출판문화협회, 전시회목록, 1987

『한글로고타입레터링』, 안국문화, 1992

Nicolete Gray, 최충식 옮김, 『레터링의 역사』, 창지사, 1994

외국 단행본

Emil Ruder, *Typographie*, Verlag Arthur Niggli Heiden AR, Verlag Gerd Hatje Stuttgart, 1967

국내 학위 논문

김문재, 「이미지연상을 통한 타이포그래피의 시각적 표현의 가능성」, 이화여자대학교, 2003

김미진, 「헤드라인을 위한 한글 문자체 연구」, 이화여자대학교, 1982

김미정, 「브랜드 로고타입의 이미지 영향성에 관한 연구」, 한양대학교, 1995

김설희, 「한글모아쓰기 기법에 관한 연구」, 동국대학교, 1996

김성희, 「한글의 본문용 서체 디자인 연구」, 건국대학교, 1999

김진평, 「한글 Logotype의 기초적 조형 요소에 관한 연구」, 서울대학교, 1974

김종균, 「한국 현대디자인의 문화정체성 연구」, 서울대학교, 2004

김효금, 「타이포그래피의 조형적 표현시도」, 서울대학교, 1994

민혜란, 「한글 바탕체와 돋움체의 비교분석」, 서울여자대학교, 1995

박미정, 「한글 타이포그래픽 디자인 연구」, 이화여자대학교, 1999

박민선, 「표제에 관한 타이포그래피 연구」, 이화여자대학교, 1992

박지연, 「한글자형의 시각적 변화에 관한 연구」, 홍익대학교, 2003

변청자, 「한국 문화정책과 문화정체성의 문제」, 홍익대학교, 2003

서승애, 「허브루발린의 표현주의적 타이포그래피 연구」, 숙명여자대학교, 1996

서자영, 「지각과 GESTALT 이론에 의한 디자인의 표현 연구」, 이화여자대학교, 1996

오숙, 「한글 브랜드 로고타입의 이미지 특성에 관한 연구」, 숙명여자대학교, 1985

유경민, 「한국시각디자인의 현대적 성립과 전개에 관한 연구」, 홍익대학교, 1996

이병천, 「로고타입의 커뮤니케이션에 관한 연구」, 한양대학교, 1976

이소윤, 「제작도구와 방법이 활자형태에 미치는 영향 연구」, 서울여자대학교, 1999

장은석, 「한글 로고타입의 발현적 착시 연구」, 한양대학교, 1990

장은정, 「한글 명조 활자체에 관한 연구」, 서울여자대학교, 1991

조영철, 「한글문자체의 시각적 미의식에 관한 연구」, 한양대학교, 1980

주상권, 「윌리엄 모리스가 모던 디자인에 미친 영향과 현대 디자이너 상」, 홍익대학교, 2003

한승희, 「오리엔탈 퓨전 스타일」, 이화여자대학교, 2000

홍선기, 「문화 경쟁력을 위한 디자인의 방향에 관한 연구」, 이화여자대학교, 1999

홍영미, 「우리나라 디자인에 있어서 모더니티에 관한 연구」, 동덕여자대학교, 1999

홍진원, 「한국 대학 디자인교육의 역사적 전개에 관한 연구」, 서울대학교, 1993

국외 학위 논문

Yoo, Jung-Sook, *Koreanische Typografie : ein Ausbildungsmodell unter besonderer Beruecksichtigung der Koreanischen Identitaet*, Wuppertal Universitaet, Germany, 2003

정기 간행물

김진평, 「뚜렷한 확신과 크리에이티비티」, 월간 디자인, 1977. 9

「한글 타이포그라피 디자인」, 토탈디자인사, 꾸밈, 7호, 1978, 1/2

「한글 디스플레이 타이틀 개발방향」, 한국디자인포장센터, 46호, 1979

「우리나라 로고타입 현황」, 한국광고제작 연구회, 1981

「알파벳과 비교해 본 한글 활자체(Typeface) 디자인의 가능성」, 종합디자인, 1983. 10/11

「한글의 산업화와 글자꼴」, 국어생활, 겨울(제3호), 국어연구소, 1985

「한글 글자표현의 가능성」, 산업디자인, 7/8, 1985. vol. 16

「시각디자인 교육교재」, 한국디자인포장센터, 1985

「민화 '백수백복도'에 나타난 글자의 조형」, 월간 디자인, 1986. 7

「시각디자인 교육교재」, 한국디자인포장센터, 1987

「글자꼴에는 심미적 허용치가 요구돼」, 월간 디자인, 1986. 10

「새로운 활자꼴의 창조자-타이포그래퍼」, 월간 시각디자인, 1987. 4

「한글의 글자꼴과 그 관계집단」, 월간 시각디자인, 1987. 10

「전산화 시대의 한글 활자체 디자인」, 월간 디자인, 1989. 10

「제1회 코그다 편집디자인 용평세미나」, 보고서, 1990

「활자체로 보는 한글꼴의 역사」, 산업디자인, 112, 1990. vol. 21

「타이포그래피의 대 사회적 정의를 실천하는 타이포그래퍼-김진평」, 월간 디자인, 1990. 6

「급증하는 인쇄매체, 서투른 타이포그래피」, 시즌리뷰 1990 봄/그래픽디자인, 월간 디자인, 1990. 3

「타이포그래피의 재료의 부족함을 메워가는 노력들」, 월간 디자인 1990. 8

「타이포그래피 표현의 실험적 시도 요구돼」, 시즌리뷰 1990 가을/그래픽디자인, 월간 디자인, 1990. 11

「한글 활자체 변천의 사적 연구」, 코스마, 3/9010

「계속되어야 할 타이포그래피 개념의 확산」, 시즌리뷰 1990 겨울/그래픽디자인, 월간 디자인, 1991

「한글 활자체 개발과 그 활용의 문제」, 코스마, 1991. 10

「우리나라 글꼴 이야기」, 한글 서체연구가와의 만남, 도서출판 글씨, 1992

「한글 타이포그래피의 현주소」, 월간 디자인, 1992. 10

「서양 타이포그래피의 역사」, LG사보, 1995

「1700년대 이후의 한글 본문용 활자체 구조의 변천과정」, 정·글, 제1호, 1996

디자인 특집 「한글 타입페이스 어디까지 왔나?」, 월간 디자인, 1989. 10

박암종, 「한국디자인 100년」, 월간 디자인, 1995. 8

박암종, 「동아출판사의 활자 개혁과 최초의 원도 활자 등장」, 월간 디자인 1995. 9

박영택, 김주호, 「한글 가독성에 관한 인간 공학적 연구(I) : 낱글자의 경우」, 대한인간공학지, 8(1), 31-39, 1989

박효신, 「타이포그래피의 Digital」, 월간 디자인네트, 1998. 10

이성구, 「한글 활자꼴 기초연구에 평생 바쳐」, 디자인신문, 1998. 233호

이유진, 「사진식자기의 약사」, 인쇄문화사, 인쇄문화, 통권 39~42호, 1989

이정하, 민혜란, 「한글 인스턴트화에 관한 연구 II」, 월간 디자인, 1985. 11

윤디자인연구소, 정·글, 창간호-제10호, 1998

장봉선, 「한글 110년 인쇄 발전사」, 한글정보, 1993. 2

천정임, 「디지털 환경에서의 새로운 조형원리」, 국민대학교, 테크노디자인대학원, 한국기초조형학회, 2001

최성민, 김성종, 「타이포그래피의 미래에 대한 주관적 주석」, 디자인텍스트, 홍디자인. 1999

참고 사이트

디지털 한글박물관 www.hangeulmuseum.org

한글글꼴개발원 www.fontcenter.org

대한인쇄정보산업협동조합연합회 printing.or.kr

한국디자인사료데이터뱅크 www.designdb.com

온한글 www.onhangeul.com

위키백과사전 en.wikipedia.org/wiki/Typography

지은이 소개

유정숙

독일 부퍼탈대학교 Bergische University Wuppertal 커뮤니케이션디자인전공 박사 (Ph.D)
독일 카셀대학교 Gesamthochschule Kassel University 시각디자인전공 3학기 수학
서울여자대학교 조형대학원 타이포그래피전공 석사 (MA)
서울여자대학교 미술대학 산업미술학과 수석 졸업 시각디자인전공 학사 (BA)

현 강원대학교, 한성대학교, 평택대학교 출강
Post-Doc 박사후연구과정 책임연구원 역임 (한국학술진흥재단) | 한성대학교

한국타이포그라피학회 정회원
한국기초조형학회 정회원
한국콘텐츠학회 정회원
Asia Network Beyond Design 정회원
한국독일동문네트워크 ADeKo 정회원

논문
「한글 타이포그래피에 있어서 김진평의 로고타입 디자인에 관한 연구」
「한글 옛 글자꼴의 변천 및 조형성 고찰 : 15–18세기 연대별 대표한 문헌만을 중심으로」
「한글 디지털 돋움체 조형요소의 변화와 타이포그래피 특징에 관한 연구 : 네모틀 글자꼴을
중심으로」

typoyoo@empal.com

김지현

서울대학교 미술대학 응용미술학과 시각디자인전공 학사 (BFA)
미국 이스턴미시간대학교Eastern Michigan University 대학원 타이포그래피전공 석사 (MFA)
홍익대학교 대학원 시각디자인전공 박사과정 수료

현 한성대학교 예술대학 시각영상디자인전공 교수
미국 시라큐스대학교Syracuse University 커뮤니케이션디자인전공 연구교수

Asia Network Beyond Design 이사
사단법인 한국기초조형학회 논문편집위원
사단법인 한국타이포그라피학회 학술출판이사
사단법인 WDL NET 이사

저서
「그리드」, 「타입과 타이포그래피」, 「타이포그래픽 커뮤니케이션」,
「형태구성과 지각원리」, 「기초시각 커뮤니케이션」, 「매거진+웹진 디자인」(역저)

논문
「타이포그래픽 엘리먼트로서의 라인의 역할」, 「타이포그래픽 표현발상에 관한 연구」,
「의미의 타이포그래픽 전환」, 「담론으로서의 타이포그래피」, 「타이포그래픽 플레이」,
「미국 학부과정의 그래픽디자인교육」, 「ソウル街の環境のタイポグラフィ-研究」,
「글자 기능의 극대화를 위한 기능적 타이포그래피의 재해석」 외 다수

jeehyun0208@hanmail.net

이 책은 서울문화재단의 '2010년 예술연구서적발간 지원사업' 선정 저서로,
서울문화재단과 한국문화예술위원회의 후원을 받아 제작되었습니다.

바람직한 한글 타이포그래피의 발전을 위해 가장 먼저 넘어야 할 과제는
한글 콤플렉스의 극복이다.

_ 월간 디자인 1991년 2월호 글에서

타이포그래피 표현의 기본 목적은 활자로 표현된 내용을
읽고 보는 사람들에게 심미적 공감을 줌과 동시에
정보전달자의 뜻을 충실히 전달하도록 만드는 것이다.

_ 월간 디자인 1990년 11월호 글에서

활자체의 가치 기준은 이를 사용하는 사람들에게 두어야 하며
신속한 기술 혁신으로 나날이 바뀌어 가는 기계에 두어서는 안 된다고 본다.

_ 월간 디자인 1989년 10월호 인터뷰에서

한자 위주의 시대 문화와 일제의 식민지 문화 밑에서
한글 활자체의 맥은 수많은 단절의 위기 속에서
기적적으로 오늘에 이어졌다.
한글 창제 후 540여 년 동안 한글 활자체 변천 과정은
그대로 우리 민족의 수난사와 일치되고 있다.

_ COSMA 1990년 10월호 글에서

오늘날 한글 타이포그래피 표현의 과제는
보편적인 타이포그래피 문법에 따라 그 표현을 다듬어야 함과 동시에
한글만의 고유한 타이포그래피 문법을 찾아내어
정리하고 적용해 나가야 한다는 점이다.

_ 월간 디자인 1990년 11월호 글에서